Alfred Gottwaldt / Stefan Nowak

Berliner Bahnhöfe – einst und jetzt

Die Deutsche Bibliothek – CIP-Einheitsaufnahme

Gottwaldt, Alfred B.:
Berliner Bahnhöfe – einst und jetzt / Alfred Gottwald; Stefan Nowak. –
Düsseldorf: Alba, 1991
ISBN 3-87094-342-4
NE: Nowak, Stefan [Illus.]

Copyright   © 1991. Alba Publikation Alf Teloeken GmbH + Co. KG, Düsseldorf
                     Das Werk einschließlich aller seiner Teile ist urheberrechtlich geschützt. Jede Verwertung außerhalb
                     der engen Grenzen des Urheberrechtsgesetzes ist ohne Zustimmung des Verlages unzulässig und straf-
                     bar. Das gilt insbesondere für Vervielfältigungen, Übersetzungen, Mikroverfilmungen und die Einspei-
                     cherung und Verarbeitung in elektronischen Systemen.
Erschienen   Mai 1991
Einbandentwurf
und Layout   Norbert Kehl, Neuss
Herstellung   Boss-Druck und Verlag, Kleve
ISBN   3-87094-342-4

Inhalt

Vorwort

In Berlin, der deutschen Metropole und Hauptstadt von gestern und morgen, ist wieder einmal alles in Bewegung geraten: Neubau und Abriß, Umbau und Restaurierung von Bahnhöfen in großer Zahl zeigen an, daß sich die Stadt mit Riesenschritten verändert, um den Anschluß an die Zukunft nicht zu verpassen. Das war vor hundert Jahren im Kaiserreich und vor sechzig Jahren in der Weimarer Republik nicht anders, ehe die Hitlerzeit mit ihren gigantischen Umgestaltungsplänen folgte und den Zweiten Weltkrieg entfesselte. Das war auch nach diesem Krieg nicht anders, als durch Blockade, Mauerbau und S-Bahn-Streik der Schienenverkehr in einer Inselstadt sich auf ganz eigenartige Weise entwickelte; immer war die Verkehrsgeschichte ein Spiegelbild der Stadtgeschichte.

Diesen Entwicklungen will das vorliegende Buch in rund fünfzig ausgewählten Beispielen folgen. Es wird gegenüberstellen, wie viele bekannte und einige weniger prominente Bauwerke des Bahnverkehrs früher einmal ausgesehen haben, und wie sie sich aus der gleichen Perspektive im Jahre 1990 dem Betrachter und dem Fahrgast präsentieren. Die Dokumentation eröffnet aber nicht nur den Blick in die Vergangenheit, sondern hält den heutigen Zustand auch deshalb fest, weil sich an ihm durch die jüngsten Ereignisse der Deutschlandpolitik täglich etwas und in Zukunft immer mehr ändern wird.

Als 1987 die ersten Pläne zu diesem Buch gemacht worden sind, erschien die Berliner Mauer noch als ein Bauwerk von größter Stabilität und Lebensdauer. Die gesammelten Bilder sollten zeigen, wie sehr der Schienenverkehr bei der Eisenbahn, der S-Bahn und der Untergrundbahn in Berlin nach 1945 gelitten hatte, auch wenn sich verständlicherweise niemand nach der alten Zeit zurücksehnte. Aber zu bedrückend war der Anblick von öden Ruinenresten, zugemauerten Bahnsteigtreppen, trüben Geisterbahnhöfen unter der Erde und zugewucherten Bahntrassen, als daß man ihn für endgültig zu halten gewillt war.

Die *Wende in der DDR* vom 9. November 1989 hat auch für den *Berliner Verkehr* alles verändert, was bis dahin scheinbar unumstößlich gewesen war. Auf den Straßen im Westteil der Stadt drängten sich die *Trabbis*, auf dem Grenzbahnhof Friedrichstraße wurde *durchgewinkt*, die lange verschlossenen U-Bahnhöfe in der alten Stadtmitte ließen sich wieder benutzen, der einstige Verkehrsbrennpunkt *Potsdamer Platz* tauchte aus dem Niemandsland der Grenzsperren nach 28 Jahren wieder auf, Busse und Eisenbahnzüge rollten endlich wieder regelmäßig in das Umland hinaus. Die Verkehrsplaner in Ost und West, nach langen Qualen auf zwei getrennte Sichtweisen hinter beiden Seiten der Mauer festgelegt, müssen und dürfen nun endlich wieder ein gemeinsames Ziel verfolgen: den Verkehr einer deutschen Großstadt.

Eisenbahnen verkehren in Berlin seit mehr als hundertfünfzig Jahren, und auch die Hoch- und Untergrundbahn hat ihren neunzigsten Geburtstag bald vor sich. Daß alles fließt, läßt sich in dieser Stadt besonders gut beobachten. Da werden Schienen gelegt und herausgerissen, Bahnhöfe hochgezogen und abgebrochen in atemberaubendem Tempo. Wie oft sind schon der Alexanderplatz, der Hardenbergplatz oder der Spittelmarkt umgestaltet worden? Wollte man gar alle Bauphasen beschreiben, die der Schlesische Bahnhof seit 1842 oder das Gelände am Potsdamer Bahnhof seit 1838 erlebt und erlitten haben, es würde jeweils ein ganzes Buch für sich allein füllen. Hier soll nur jeweils ein historisches Bild – zumeist eine bekannte und beliebte alte Fotografie – der Bestandsaufnahme von 1990 gegenübergestellt werden. Der darin im Vergleich sichtbare Wandel wird im Text beschrieben, doch laden die Bilder auch zu eigener Erforschung der stattgefundenen Veränderungen ein.

Es ist leicht verständlich, daß der Fotograf von heute in den neuen Bildern nicht immer genau den Standpunkt einnehmen konnte, den sein historischer Vorgänger gehabt hat. Durch Kriegsschäden und durch Abriß aus anderen Gründen sind nicht mehr alle Balkons und Dachfenster erhalten, von denen herab ein Waldemar Titzenthaler oder ein Hans Hartz ihre lichtbildnerischen Meisterwerke geschaffen haben. Freilich schadet diese leichte Veränderung des Aufnahmestandpunkts den Bildern nicht, sondern berichtet auf eigene Weise vom Thema des Buches: Nicht nur die dargestellten Bahnhöfe haben sich verändert, auch ihre Umgebung ist längst nicht mehr so, wie sie einstmals gewesen ist.

Zu den weiteren Feinheiten im Bildvergleich gehört die Würdigung der Tageszeit und der Jahreszeit einer alten Aufnahme. Klassische Architekturfotos werden im Winter hergestellt, wenn die Bäume keine Blätter tragen, doch haben sich unsere Vorbilder aus der Vergangenheit daran auch nicht immer gehalten. Deshalb zeigen einige der heutigen Aufnahmen ebenfalls dichten Blattschmuck; im übrigen demonstriert gerade das enorme Wachstum mancher Bäume auf den früher so kärglichen Bahnhofsvorplätzen, wie die Zeit vergangen ist. In selteneren Fällen ergibt der Blick von dem alten zu dem neuen Bild auch, daß Bäume gefällt und Grünanlagen umgestaltet werden mußten, weil Verkehrszuwachs und Baupläne es so zu verlangen schienen.

6

Die Gründe für diesen dauernden Wandel sind ausgesprochen vielfältig gewesen: Das Wachstum der Stadt Berlin im 19. Jahrhundert machte den Abriß der kleinen Fernbahnhöfe der *ersten Generation* von 1838 bis 1846 und ihren Ersatz durch die bekannten Großbauten der *zweiten Generation* ab 1870 erforderlich, außerdem zwang dieses Wachstum zum Bau der Ringbahn (1871/1877) und zum Bau der Stadtbahn (1882). Die Anlage von Mietskasernen und Villenvierteln in vielen bis dahin unbesiedelten Außenbezirken war nur lukrativ, wenn dort gleichzeitig eine Bahnlinie oder ein Bahnhof eröffnet werden konnten. Die Ringbahnstrecke, die zunächst um die Stadt herumführte, wurde so zum Motor einer enormen Bautätigkeit; gleiches gilt für die Wannseebahn und manche nach der Jahrhundertwende eingerichtete Vorortstrecke. Weil dabei viele Linien *hochgelegt* wurden, um die Straßen kreuzungsfrei überqueren zu können, mußten auch viele Empfangsgebäude neugestaltet werden.

Erhebliche Veränderungen an den Berliner Bahnbauten brachte sodann die in den zwanziger Jahren begonnene *Elektrisierung* des Nahverkehrs auf Stadt-, Ring- und Vorortbahnen mit sich. In dieser Modernisierungswelle hat man nicht nur formschöne neue Stellwerke und Gleichrichterwerke erbaut, sondern auch zahlreiche Bahnstationen umgestaltet oder neu eingerichtet: Westkreuz und Wannsee, Siemensstadt und Feuerbachstraße sind dafür gute Beispiele. Auch die bemerkenswerten unterirdischen Neubauten der Nordsüd-S-Bahn von 1936/39 verkörpern diesen Baustil der Reichsbahn in

Der kriegszerstörte Potsdamer Platz im Jahre 1945 mit den Ruinen des Hotels Fürstenhof (links), des *Kaffee Vaterland* (Mitte) und des Potsdamer Bahnhofs (rechts). Auch dieses Bild wurde als Ansichtskarte vertrieben

der Vorkriegszeit, der maßgeblich von dem Architekten Richard Brademann bestimmt worden ist. Zwischen den beiden Weltkriegen sind daneben auch die Fernbahnhöfe Friedrichstraße und Zoologischer Garten an der Stadtbahn durch Neubauten mit vergrößerten, viergleisigen Fernbahnhallen ersetzt worden. Als Speer und Hitler 1938 an die *Umgestaltung der Reichshauptstadt* gingen, hat man nochmals viele neue Bahnstrecken und Bahnhöfe geplant, doch ist es zu den dafür notwendigen Abrißarbeiten wegen des Krieges nicht mehr gekommen.

Die größten Veränderungen und Zerstörungen der Bahnanlagen in Berlin sind zweifellos zwischen 1943 und 1945 durch den Bombenkrieg und durch den sogenannten Endkampf in Berlin eingetreten. Die Kriegsfolgen, also die Berliner Blockade und die Spaltung Deutschlands, sorgten dafür, daß sich für die Eisenbahn nur wenig Wiederaufbau und viel Stillegung anschlossen. Die Deutsche Reichsbahn, von den Siegermächten mit dem Bahnbetrieb in ganz Berlin beauftragt, leitete ab 1951/52 alle Züge aus der vormaligen Sowjetischen Besatzungszone in den Ostteil der Stadt, so daß mehrere große Kopfbahnhöfe endgültig aufgegeben werden mußten. Im Westteil Berlins blieb eigentlich nur noch die Stadtbahn für den Fernverkehr in Gebrauch, während man im anderen Teil Berlins den *Ostbahnhof* (Schlesischen Bahnhof) und den Bahnhof Lichtenberg für diesen Zweck intensiver nutzte. Der Abriß vieler Bahnhofsruinen in West-Berlin zwischen 1959 und 1961 zwang wohl zum Abschied von manchem historisch bedeutenden Bauwerk, zog aber bislang keinen bemerkenswerten Neubau nach sich. Man nutzte die Ruinen als *Steinbrüche*, denn Ziegelsplitt war damals als Baustoff für neue Wohnhäuser begehrt.

Der Mauerbau vom 13. August 1961 besiegelte eine Abgrenzung zwischen den Staaten und den Stadtteilen in Ost und West, die schon seit längerer Zeit spürbar geworden war. Bei der Berliner S-Bahn, mit der zuvor viele Menschen aus der DDR nach West-Berlin geflohen waren, wurden alle Strecken an der Mauer gekappt, und auch bei der Hoch- und Untergrundbahn schnitt man die in den Ostsektor fahrenden Linien ab. Auf beiden Seiten der Mauer mußte man nun versuchen, mit den Reststücken einen sinnvollen Bahnbetrieb einzurichten. Zwei Tunnelstrecken der U-Bahn und eine Röhre der S-Bahn, die teilweise unter dem östlichen Stadtteil verliefen, wurden zum Westnetz geschlagen, indem man ihre Stationen im Ostteil Berlins zumauerte und die Züge ohne Halt durchfahren ließ. An allen Gleisen und Bauten, die seit 1961 nicht mehr in Betrieb waren, nagte fortan der Zahn der Zeit.

Bei den Untergrundbahnen kam man, von zwei getrennten städtischen Verwaltungen betreut, damit besser zurecht als bei der von der Deutschen Reichsbahn betriebenen Berliner S-Bahn. Sie wurde als *Ulbricht-Bahn* im Westen boykottiert und fuhr längst nicht mehr genug Geld ein, um sie ordentlich zu unterhalten. Dieser Verfallsprozeß der S-Bahn wurde im September 1980 ganz offensichtlich, als die Deutsche Reichsbahn nach dem Streik der Beschäftigten den Verkehr nur noch auf drei Linien mit einem Anschluß zum Grenzbahnhof Friedrichstraße aufrechterhielt: zwischen Wannsee und Friedrichstraße sowie zwischen Heiligensee/Frohnau und Lichterfelde Süd/Lichtenrade. Die westliche Ringbahn, die Wannseebahn, die Siemensbahn und die *Westbahn* nach Spandau wurden damals aus dem Betrieb genommen. Erst mit der Übernahme der S-Bahn in Berlin (West) durch die BVG am 8. Januar 1984 und durch die Anstrengungen zur 750-Jahrfeier Berlins 1987 ist es gelungen, einer größeren Anzahl von Bahnhöfen und Strecken wieder eine positive Zukunft zu geben. Und seitdem nun die beiden Stadthälften ab 1990 wieder zusammenwachsen können, wird auch im Berliner Verkehr bald eine Zeit intensiver Bauarbeiten beginnen, durch die vergessene Bahnstationen und zugewucherte Strecken wieder auf die Landkarte zurückkehren werden.

Bei dem Blick auf die Bilder und auf die Streckenkarten in diesem Buch fällt nicht nur das Kommen und Gehen der verschiedenen Bahnhöfe im Lauf der Jahrzehnte auf; auch die Linienführung der einzelnen Bahnen war beständigem Wechsel unterworfen. Besonders 1881, beim Bau der Stadtbahn, und 1939, nach Fertigstellung der Nordsüd-S-Bahn, wurden viele Anfangs- und Endstationen der Züge neu zusammengestellt. Damit sollte dem reisenden

Publikum besser gedient werden, indem man die Linienführung veränderten Verkehrsströmen anpaßte, aber mitunter zwangen auch Kapazitätsgründe und der Wunsch nach rationellem Wagenumlauf zu solchen Veränderungen. Welche Entwicklungen hat allein die *Netzspinne*, das Diagramm der S-Bahn-Strecken, in der Nachkriegszeit durchmachen müssen, um den ideologischen Vorgaben folgen zu können? In den achtziger Jahren hatte die Reichsbahn gar einen Linienplan in Gebrauch, auf dem West-Berlin listig fast unsichtbar gemacht worden war.

In der Stadtgeschichte und in der Verkehrgeschichte haben auch die Namen der einzelnen Bahnhöfe nicht immer die Zeitläufte überdauert: Keine lange Präsenz hatten der *Adolf-Hitler-Platz* (Reichskanzlerplatz/Theodor-Heuss-Platz), die *Braunauer Straße* (Sonnenallee), der *Kaiserhof* (Thälmannplatz), aber auch die *Stalinallee* (Frankfurter Allee) und die *Bersarinstraße* (Frankfurter Tor) gehören dazu. Unvergessen bleibt die Umbenennungsaktion von 1950, als die junge DDR alle auf die verlorenen Ostgebiete hindeutenden Namen änderte. Aus dem *Schlesischen Bahnhof* wurde der Ostbahnhof, aus dem *Stettiner Bahnhof* wurde der Nordbahnhof; das brachte große Verwirrung mit sich, weil diese Bezeichnungen schon im vergangenen Jahrhundert einmal für andere Bahnstationen in Gebrauch gewesen sind. Bei der Untergrundbahn ließ die *Memeler Straße* zugunsten der *Marchlewskistraße* ihren Namen, die *Danziger Straße* den ihren für die Dimitroffstraße. Es gibt mehr Beispiele davon. Gerade die aus politischen Gründen umgetauften Stationen haben mitunter eine wechselvolle Historie gehabt, wenn der damit geehrte Herrscher allmählich kritischer gesehen wurde und nicht mehr eines Bahnhofsnamens würdig erschien. Anfang 1990 war klar, daß viele dieser Namen im Ostteil wohl nicht mehr lange Bestand haben würden.

Das Buch will dazu anregen, selbst einen alten Stadtplan in die Hand zu nehmen und in Berlin auf Spuren des historischen Verkehrswesens zu achten: Da steht ein Schwimmbad auf dem Platz des Görlitzer Bahnhofs, dort fährt ein Magnetbahn-Wagen am Gleisdreieck statt der alten Untergrundbahn – vielleicht nur noch für eine kurze Weile? Wird der neue Zentralbahnhof in der Nähe des früheren Lehrter Fernbahnhofs errichtet, und was soll man von den Vorschlägen zum *Wiederaufbau des Anhalter Bahnhofs* halten? Welche Schrankenwärterbuden, Güterschuppen und Stellwerke stammen noch aus dem vorigen Jahrhundert? Dürfen restaurierte Bahnhöfe wie der *Anhalter* im Tunnel mit modernen Materialien verkleidet werden, soll man dafür heute noch Stationsschilder in Frakturschrift neu anfertigen? Wer mit offenen Augen auf den Schienenwegen dieser Stadt wandert, wird bald mehr Fragen als Antworten haben.

Nicht sämtliche alten Bauwerke lassen sich erhalten, wenn ihre Funktion einmal weggefallen ist. Schwierig ist es auch, neue Aufgaben für schöne historische Bauten zu finden, die früher für mehr Verkehr sehr repräsentativ ausgeführt worden sind, heute aber für weniger Fahrgäste viel zu groß sind und mit kleinerem Personaleinsatz betrieben und unterhalten werden müssen. Die Umgestaltung und Vermietung zahlreicher Empfangsgebäude der S-Bahn im Westteil Berlins durch die Verwaltung des ehemaligen Reichsbahnvermögens hat hier einen gangbaren Weg gewiesen, mag auch das Autohaus im ehemaligen Bahnhof einmal Kritik hervorgerufen haben. Was bedeutet das gegenüber Verfall und Abriß? Vielleicht wird die Gefährdung historischer Bahnbauten in den nächsten Jahren noch einmal zunehmen, wenn mit dem anwachsenden Verkehrsumfang in einer deutschen Hauptstadt Berlin wieder größer geplant und gebaut, rationalisiert und modernisiert werden kann? Es wird bestimmt nicht ohne Reiz sein, in zehn oder zwanzig Jahren die Standpunkte der heutigen Aufnahmen nochmals aufzusuchen und zu sehen, was aus den Plätzen inzwischen geworden ist. –

Den Entwurf des Buches und die Auswahl der historischen Abbildungen haben die Verfasser gemeinsam besorgt; im übrigen waren Stefan Nowak für die Anfertigung der neuen Fotografien und Alfred Gottwaldt für die Beigabe der Texte verantwortlich. Wenn dieses Buch dazu beiträgt, die Augen ein wenig zu öffnen für die Qualität und Brauchbarkeit älterer Bahnbauten überall in Berlin, so hat es seinen Zweck erfüllt.

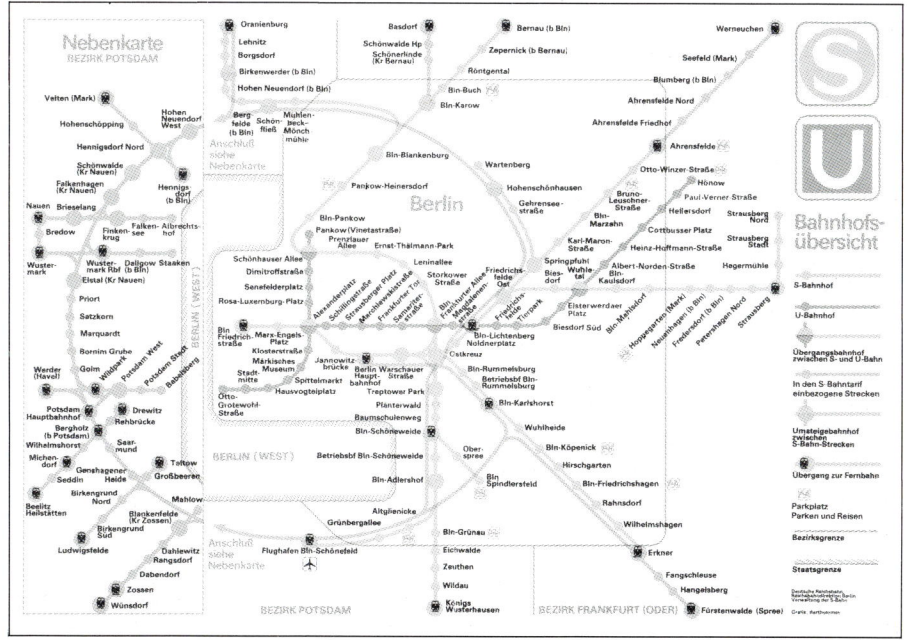

Die *Netzspinne* des Schienenverkehrs in der DDR-Hauptstadt, wie sie zwischen 1984 und 1989 in Gebrauch war. Die *Nebenkarte* mit dem Bezirk Potsdam ist so nah herangerückt, daß für West-Berlin kein Platz mehr bleibt. Grafik der Deutschen Reichsbahn

11

Zu den Berliner Fernbahnhöfen

Das Eisenbahnnetz von Berlin, entnommen aus dem Taschen-Atlas der Eisenbahnen Deutschlands, Österreich–Ungarns, der Niederlande und der Schweiz, herausgegeben von W. Nietmann, 6. Auflage 1882

Ein erster *Rundgang* soll zu den großen Kopfbahnhöfen der ehemaligen Reichshauptstadt führen, von denen es – wie in Paris oder London – eine ganze Anzahl gegeben hat, weil die alten Privatbahngesellschaften für ihre jeweiligen Linien nach Potsdam, nach Köthen in Anhalt, nach Hamburg, nach Schlesien, nach Stettin und nach Lehrte bei Hannover jeweils auch ein repräsentatives eigenes Empfangsgebäude errichtet hatten. Oftmals folgten hier auf die recht kleinen Bauten der *ersten Generation* aus der Zeit von 1838 bis 1846 sogar noch Bauwerke der *zweiten Generation* aus den Jahren zwischen 1866 und 1880. Diese großen Berliner Bahnhöfe im wilhelminischen Baustil sind es besonders, an die sich ältere Berliner und Berlinerinnen noch erinnern werden: Ferienfahrten, Frontfahrten, Hamsterfahrten und Fluchtfahrten begannen und endeten für viele Menschen auf einer dieser Statio-

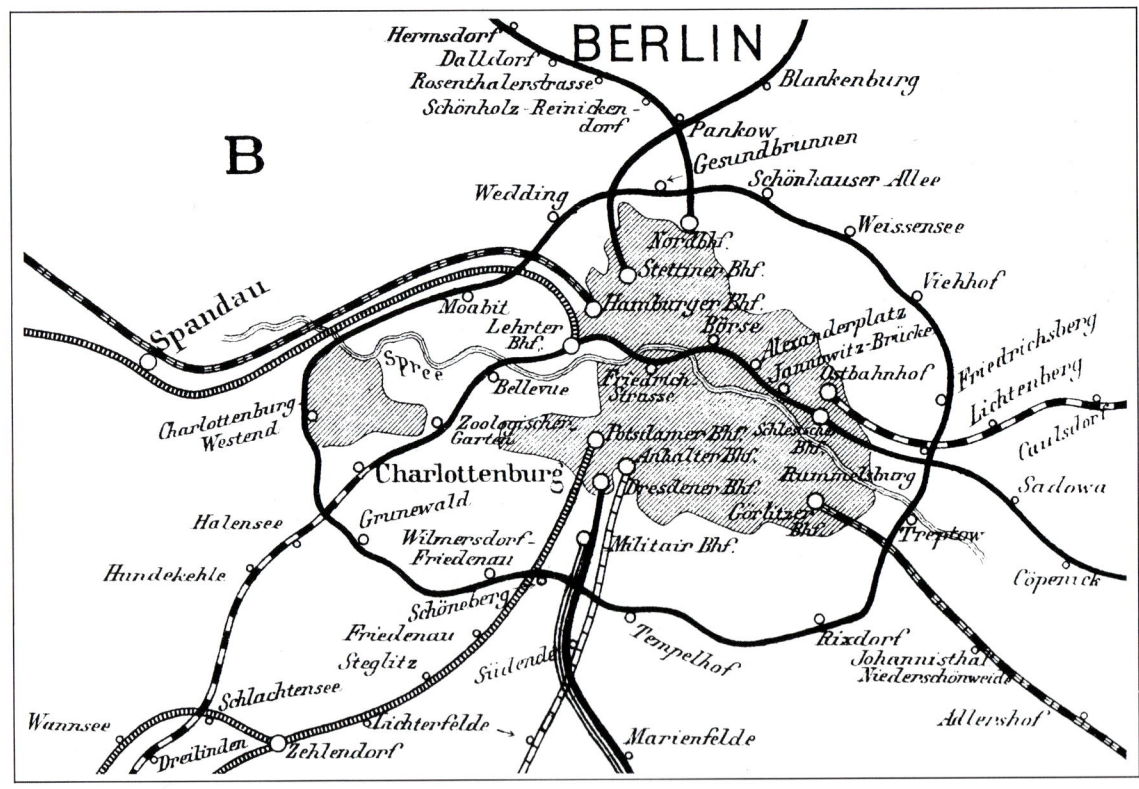

nen, die rund um die historische Stadtmitte angelegt waren. Millionen von Ansichtskarten mit ihren Abbildern gingen von Berlin in alle Welt.

Die Zeit zwischen 1900 und 1939 wird gern als die glänzendste Epoche im Berliner Eisenbahnwesen und im Bahnhofsbau betrachtet. Dabei läßt sich leicht übersehen, daß das Verkehrswesen immer nur Folge der wirtschaftlichen und politischen Entwicklung des Landes ist: Im Ersten Weltkrieg unterblieben die dringend notwendige Modernisierung der Stadtbahn und der Bau einer ihr entsprechenden Nordsüd-Verbindung; während der Hitlerzeit ist intensiv an einem Ersatz und Abriß der alten Kopfbahnhöfe zugunsten riesiger Hallen von Albert Speer gearbeitet worden. Der Anhalter Bahnhof sollte, so plante man 1938, als Baudenkmal erhalten werden und etwa 1950 zu einem Schwimmbad umgestaltet worden sein.

Ganz anders als geplant sind die großen Berliner Fernbahnhöfe sodann von der Bildfläche verschwunden. Nach Kriegsende wurde der Bahnbetrieb in Berlin von den Besatzungsmächten auf die Deutsche Reichsbahn übertragen. Als sich bei und nach der Blockade von 1948/49 eine Abgrenzung von West-Berlin gegenüber Ost-Berlin und der jungen DDR ergab, blieb es aus vielen Gründen bei dieser bis heute gültigen Regelung. Die Fernbahnhöfe in den Westsektoren wurden von ihr bis 1951/52 vom Umland abgeschnitten und stillgelegt, sodann 1959/60 auf westlichen Wunsch als überflüssig und baufällig abgerissen. Das ist immer wieder bedauert worden, kann aber wohl niemals mehr rückgängig gemacht werden.

Der *Rundgang* stellt gegenüber, was da war und was noch ist auf den Berliner Fernbahnhöfen. Für derlei Ausflüge bietet sich der offene Bus von *Käses Rundfahrten*, von *Berolina* oder *Elite* an. Der Rundfahrtbus beginnt die Fahrt symbolisch am Brandenburger Tor. Ein Bild vom Potsdamer Bahnhof einst und jetzt ist in der Tour nicht enthalten, weil seine Gegend durch Abriß und Mauerbau keinerlei Anhaltspunkte mehr für das Auge bietet; 1990 war da nur konturloses Brachland zu sehen. So steht am Anfang des Kapitels der Anhalter Bahnhof mit seiner Umgebung, gefolgt vom Görlitzer und vom Lehrter Bahnhof. Im Zusammenhang mit dem Hamburger Bahnhof wird auch der vom selben Architekten errichtete Bahnhof Spandau gezeigt. Im ehemaligen *Ostsektor* mit dem Stettiner Bahnhof, dem Ostbahnhof und dem Schlesischen Bahnhof wird dieser bildliche Rundgang enden.

Berlin. Brandenburger Tor.

Das Brandenburger Tor von Osten

Nur das Brandenburger Tor ist von den einstmals 18 Stadttoren übriggeblieben, die in der alten Stadtmauer bestanden. Zwecke dieser Akzisemauer von 1732, die erst nach 1866 abgebrochen worden ist, waren die Einnahme von Steuern, die Kontrolle der Reisenden und die Zurückhaltung desertierender Soldaten. Dieses symbolträchtige Tor von Carl Gotthard Langhans ist zwischen 1788 und 1791 erbaut worden. Von 1806 bis 1814 hatte Napoleon die Figur der Quadriga mit der Siegesgöttin Viktoria von Johann Gottfried Schadow nach Paris entführt. Im *Berliner Verkehr* des 20. Jahrhunderts stand dieses Bauwerk etwas distanziert am Ende der *Linden*, bis in seiner Nähe ab 1935 der Tunnel der Nordsüd-S-Bahn gegraben wurde. Der offene Ausflugsbus von *Thien's Berolina-Rundfahrten* im ersten Bild lädt sozusagen zu einer Reise durch das Berlin von einst und jetzt ein. Auch *Käse's Rundfahrten* und Touren mit dem *Elite-Wagen* waren damals populär.

Ein Symbol nicht nur für Berlin als Hauptstadt ist das Brandenburger Tor am Pariser Platz gewesen: Hinter der Mauer seit dem 13. August 1961 kaum mehr sichtbar und von beiden Seiten unzugänglich, wurde es nach den Ereignissen vom 9. November 1989 erst wenige Tage vor Weihnachten wieder für den Fußgängerverkehr geöffnet. In der Sylvesternacht 1989 stand das Tor im Mittelpunkt von unglaublich turbulenten Ereignissen, die über die Fernsehbildschirme in aller Welt gegangen sind, und die auch der Quadriga auf seinem Dach tüchtig zugesetzt haben. Seit dem März 1990 wird die Figur im Museum für Verkehr und Technik fachgerecht restauriert, und auch um das Gemäuer selbst sind Gerüste für eine notwendige Renovierung des Tores aufgestellt worden. Autoverkehr will man darunter nicht mehr zulassen, doch wer will das heute bestimmt vorhersagen? Auch eine *enge Umfahrung* wurde 1990 heiß diskutiert.

Wieder das Brandenburger Tor von Osten, nun schon eingerüstet zur Restaurierung, im Frühjahr 1990. Foto Nowak

Einladung zur Rundfahrt durch Berlin mit dem Elite-Wagen, 1937

15

Der Anhalter Bahnhof,
um 1910.
Foto Landesbildstelle

Der Anhalter Bahnhof

Es hieße sicher, die sprichwörtlichen Eulen nach Athen zu tragen, wollte man an dieser Stelle noch etwas über die Bedeutung des Anhalter Bahnhofs für Berlin und die Berliner sagen. Als *Tor zum Süden* für Reisen nach Thüringen und Sachsen, Hessen, Bayern und Württemberg diente dieser Bau seit seiner Eröffnung am 15. Juni 1880. Der Architekt Franz Schwechten ist auch als späterer Erbauer der Kaiser-Wilhelm-Gedächtniskirche bekannt; an der Hallenkonstruktion hat Heinrich Seidel mitgearbeitet. Links im ersten Bild die Königgrätzer Straße, die in der Nazizeit den Namen *Saarlandstraße* trug und heute *Stresemannstraße* heißt. Vor dem Portal des Bahnhofs liegt der Askanische Platz, von dem nach rechts die Schöneberger Straße abgeht. Die Aufnahme gehört zu den bekanntesten Lichtbildern des Fotografen Waldemar Titzenthaler, die auch als Ansichtskarte zehntausendfach verkauft worden ist.

16

Der Anhalter Bahnhof von Berlin ist am 17. Mai 1952 für den öffentlichen Verkehr geschlossen worden; nur der Tunnelbahnhof gleichen Namens für die Nordsüd-S-Bahn blieb weiter in Betrieb. Zwischen 1959 und 1961 wurde der mächtige Ziegelbau Schwechtens gesprengt und – bis auf die Unterfahrt vor dem Eingang – abgetragen. Dieses Portikusfragment mit den Figuren *Tag* und *Nacht* steht heute noch als Mahnmal am Askanischen Platz, der in den Jahren 1987 bis 1989 neugestaltet worden ist. Links im Bild von 1990 an der Stresemannstraße das *Deutschlandhaus* und das *Excelsior-Hotel*, rechts hinter dem Bahnhofsgelände an der Möckernstraße die *Großbriefanlage* und das Postscheckamt. Verschwindend klein ist auf dem ehemaligen Bahngelände auch die 1987 umgedrehte Dampflokomotive der Ausstellung *Mythos Berlin* zu erkennen. Sie wurde im November 1990 abtransportiert. Noch immer ist die Zukunft dieses Grundstücks ungewiß.

Die Ruine des Anhalter Bahnhofs, 1959. Foto Köbler

Der Askanische Platz mit dem Portikusfragment des Anhalter Bahnhofs, 1990. Foto Nowak

Bahnbetriebswerk Anhalter Bahnhof

Lokschuppen 1a des Bahnbetriebswerks Anhalter Bahnhof, 1933. Foto Landesbildstelle

Vom Wasserturm des Lokschuppens Ia im alten Betriebswerk Anhalter Bahnhof geht der Blick in diesem Foto nordwärts über die 1926 eingebaute 23-m-Drehscheibe auf die (nach links) zum Anhalter Bahnhof führenden Ferngleise. Riesige Kohlenberge liegen hinter den kleinen Schlackenwagen für die Dampflokomotiven bereit; eine Dampflok der Reihe 01 rollt ihrer Endstation entgegen. Der Anhalter Güterbahnhof mit den beiden Kopfbauten von Franz Schwechten und die Möckernstraße in Kreuzberg sind am oberen Bildrand sichtbar. Die Lokschuppenanlage selbst wurde von Abteilungs-Baumeister Paul Faulhaber entworfen. Während der erste Rundschuppen, die Werkstatt und das Beamtenwohnhaus sowie sieben Stände des zweiten Lokschuppens bereits zwischen 1876 und 1880 entstanden, folgten weitere Abschnitte 1898 und 1905. Der Wasserturm wurde 1908 erbaut.

Den Wasserturm von Klönne hat auch der Fotograf unserer Tage wieder erklommen, um sein Bild vom Anhalter Güterbahnhof mit dem ehemaligen

Bahnbetriebswerk zu gewinnen. Nachdem hier der Fernverkehr 1952 eingestellt worden war und 1961 auch die letzten Rangierlokomotiven nach Tempelhof abgewandert waren, verfielen die beiden Lokschuppen zusehends. Schon 1959 waren der westliche Schwechten-Kopfbau des Güterbahnhofs und die Arkaden beim Bau der Untergrundbahn zwischen Yorckstraße und Möckernbrücke abgerissen worden. Heute denkt man an ihren Wiederaufbau, denn das Museum für Verkehr und Technik hat sich des

Blick über die Ruinen der Lokschuppen in südlicher Richtung, 1984. Foto MVT Berlin

Geländes angenommen und bereits 1987/88 die beiden Ringlokschuppen restauriert und 1990 den östlichen Schwechten-Kopfbau für seine Zwecke neu eröffnet. Die überwucherten Gleise sollen als Museumspark in dieser Form belassen werden.

Die wiederhergestellten Schuppen des Museums für Verkehr und Technik, 1990. Foto Nowak

Der Görlitzer Bahnhof

Seit 1865 wurde an einer Bahnstrecke von Berlin in die Lausitz und nach Niederschlesien gebaut, seit 1866 an dem zugehörigen Görlitzer Bahnhof in Berlin. Der Architekt August Orth, der später mit vielen Kirchenbauten bekanntgeworden ist und auch die Pläne zu einer Berliner Zentralbahn gemacht hat, entwarf ihn für den *Eisenbahnkönig* Bethel Henry Strousberg im Stil der Neorenaissance. Erst allmählich folgte um den Bahnhof, der zu Fahrten ins Riesengebirge und in den Spreewald einlud, auch die Wohnbebauung der Wiener Straße, die rechts im ersten Bild erscheint. Auf diesem Bahnhof kamen im neuen Kaiserreich viele Schlesier auf der Suche nach Arbeit in die Reichshauptstadt, und auch die *Spreewälder Ammen* reisten hier an. Das Ansichtskartenbild läßt uns über den Spreewaldplatz blicken.

Bis zum 29. April 1951 verkehrten auf dem im Krieg beschädigten, aber immer noch brauchbaren Görlitzer Bahnhof auch einige Züge in südöstliche Richtung, freilich nicht mehr bis in das Riesengebirge. Ein Jahrzehnt nach der Stillegung des Bahnhofs durch die Reichsbahn war das Werk Orths dann

Der Görlitzer Bahnhof, um 1905

20

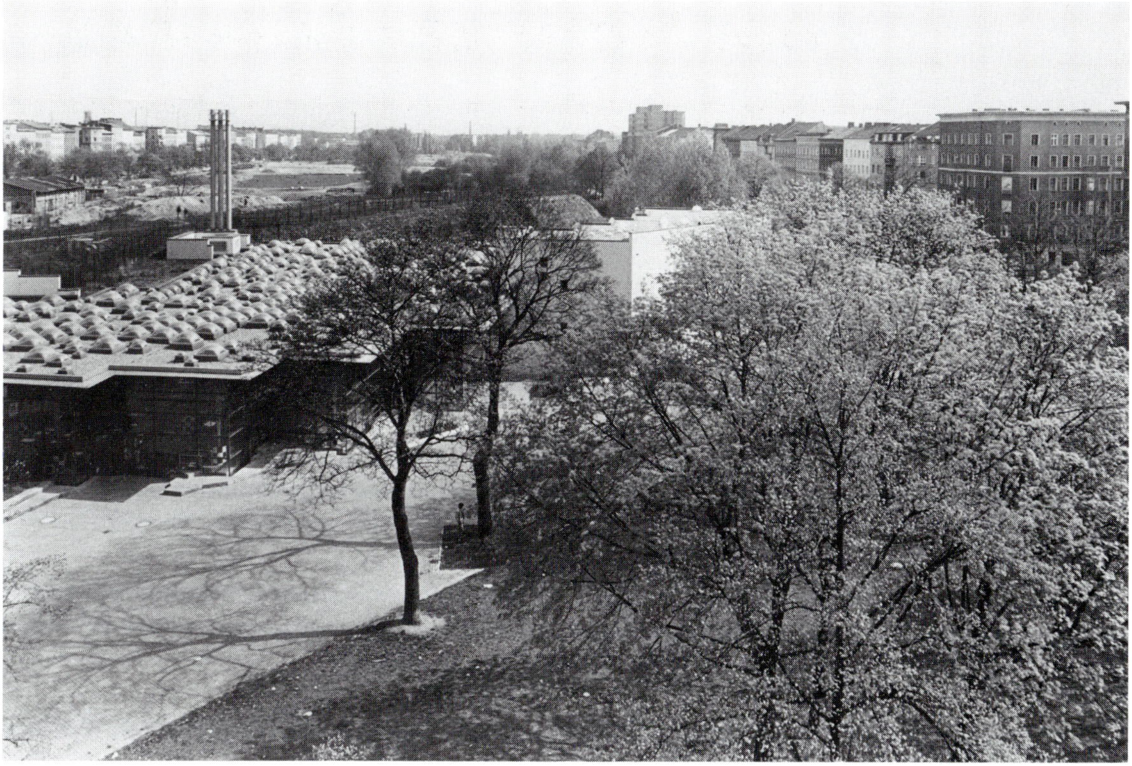

schon so schadhaft geworden, daß man 1962 mit dem Abriß begann. Ein Teil der östlichen Seite des Empfangsgebäudes, zur Görlitzer Straße hin, blieb noch für die Güterabfertigung von Gleiskunden stehen. 1976 fiel auch dieses letzte Stück des Görlitzer Bahnhofs. Das lange Zeit brachliegende Gelände wurde im Rahmen der Internationalen Bauausstellung teilweise umgestaltet und zwischen 1984 und 1987 mit einem Sport- und Freizeitbad von Christoph Langhof bebaut. Dahinter soll anstelle der Gleisanlagen ein Stadtpark hergerichtet werden. Im heutigen Bild rechts wieder die Wiener und die Ohlauer Straße.

Der *Görlitzer Park* und das Spreewaldbad, 1990. Foto Nowak

Die Ruinen-Reste des Görlitzer Bahnhofs im Mai 1969. Foto Lochmann

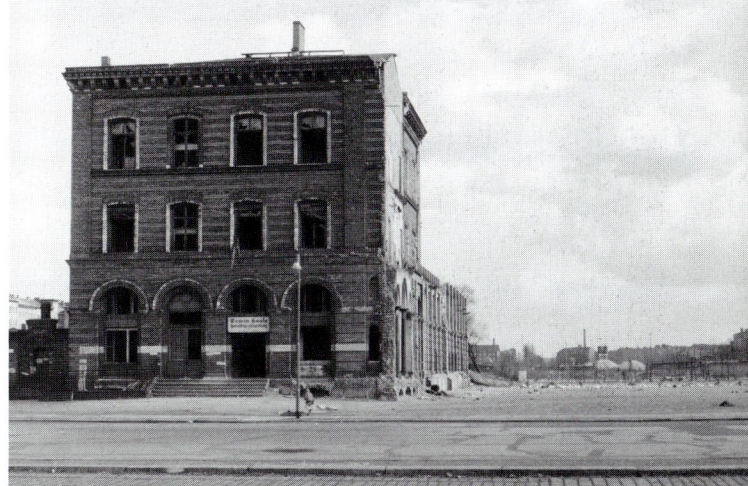

Lehrter Bahnhof
und Spree, um 1935

Der Lehrter Bahnhof

Am Friedrich-Karl-Ufer der Spree in Moabit war von 1871 bis 1959 der Lehrter Fernbahnhof zu sehen. Eröffnet am 1. Dezember 1871, stillgelegt am 28. August 1951, gesprengt am 22. April 1958 (Hauptportal). Erbaut von den Architekten Lent, Scholz und LaPierre für die Magdeburg-Halberstädter Eisenbahn, sollte er dem Verkehr nach Hannover dienen und der Potsdam-Magdeburger Eisenbahn Fahrgäste abjagen. Der schloßartige Bau mit seinem hellen Quaderputz wirkte sehr eindrucksvoll. 1884 übernahm der Lehrter Bahnhof nach der Verstaatlichung der Privatbahnen den gesamten Bahnverkehr mit Hamburg, da die Züge aus Hannover nun über die Stadtbahnstrecke rollten. Dafür konnte der kleine Hamburger Bahnhof stillgelegt werden. Von 1933 bis 1939 fuhr hier auch der *Fliegende Hamburger* ab, ein Schnelltriebwagen der Reichsbahn mit 160 km/h Höchstgeschwindigkeit. Vorn im ersten Bild der kleine Dampfer *Emma* aus Spandau.

Der frappierende Blick über die Spree von heute zeigt wohl noch das unverwechselbar gestufte Flußufer, offenbart dahinter aber gähnende Leere. Seit dem Ende der Abrißarbeiten des Lehrter Bahnhofs im Sommer 1959 ist in Moabit, wenn man nordwärts von der Moltkebrücke blickt, sozusagen nichts mehr zu sehen. Die Straße hat einen neuen Namen bekommen, das

Gewässer neue Spundwände. Hinter der Pappelreihe in dem aktuellen Bild muß man sich die Stadtbahnstrecke von Bellevue zum Bahnhof Friedrichstraße mit dem Lehrter Stadtbahnhof denken, der seit 1882 quer über dem Vorfeld des Lehrter Fernbahnhofs lag. In den letzten Jahren war geplant, auf dem Gelände des Lehrter Bahnhofs eine Abstellanlage für Intercity-Züge aus dem Westen zu errichten. Da seit dem Fall der Berliner Mauer viele neue Verkehrspläne geschmiedet werden, wird sogar wieder über den früher schon vorgelegten Entwurf eines *Zentralbahnhofs* an dieser Stelle nachgedacht. Die Zufahrt einer Nordsüd-Fernbahn müßte allerdings im Tunnel erfolgen.

Die Ruine des Lehrter Bahnhofs, 1955. Foto Lochmann

Am Washingtonufer, 1990. Foto Nowak

23

Der Hamburger Bahnhof

In der weniger bekannten Ansicht von der Gleisseite wird der im Sommer 1847 vollendete *Hamburger Bahnhof* von Berlin vorgestellt. Die alte Berlin-Hamburger Eisenbahn selbst war bereits am 15. Oktober 1846 bis Boitzenburg und am 15. Dezember 1846 bis Hamburg eröffnet worden, so daß man in Berlin provisorisch einen Güterschuppen als Perronhalle benutzen mußte. Das klassizistische Empfangsgebäude ist von Friedrich Neuhaus entworfen worden. Die westliche Seite (rechts im ersten Bild) dient mit zwei Gleisen den ankommenden Zügen, die östliche Seite (links) den abfahrenden. Durch die beiden Bögen im Bahnhofsportal konnten die Lokomotiven zu einer Drehscheibe auf dem Vorplatz an der Invalidenstraße durchfahren, um dort zu wenden. Rechts am Bildrand ist das abzweigende Gleis der alten Verbindungsbahn in Richtung Potsdamer Bahnhof zu erkennen, das 1851 für durchgehende Güterzüge und Militärzüge angelegt worden ist. 1877 wurde die hier gezeigte Halle um 53 m verlängert, am 15. Oktober 1884 wurde der Bahnhof für den Personenverkehr geschlossen. Die Stadtbahn und der Lehrter Bahnhof nahmen fortan die Hamburger Züge auf.

Der Hamburger Bahnhof von Norden, um 1865

Die *endlose Geschichte* des Hamburger Bahnhofs von Berlin hatte nach seiner Stillegung für den Bahnverkehr folgende Etappen: von 1884 bis 1905 Nutzung als Büro- und Wohngebäude für Eisenbahner, 1906 Neueröffnung als Verkehrs- und Baumuseum mit einer zu diesem Zweck neu errichteten Halle im Jugendstil der Zeit, Ergänzung um zwei Seitenflügel für das Gleis-museum (1911) und die Wasserbausammlung (1917), Umbau 1935, Kriegs-schaden 1944, sodann ein *Dornröschenschlaf* unter Obhut der britischen Besatzungsmacht und in Händen der Reichsbahn von 1945 bis 1983, endlich 1984 die Übernahme durch den Senat von Berlin (West). Während die Sammlung in das Museum für Verkehr und Technik gebracht wurde, hat man den Bau bis 1987 provisorisch für eine Reihe von Ausstellungen renoviert. Ende 1987 wurde beschlossen, in dem ehemaligen Bahnhof ein Museum für zeitgenössische Kunst als Teil der Nationalgalerie unterzubringen. Die nach dem Krieg abgeräumten Seitenflügel von Neuhaus sollen nicht wieder in alter Form aufgebaut werden; stattdessen hat Josef Paul Kleihus einfühlsam zwei seitliche Hallen aus Stahl und Glas geplant. Sie sollen 1993 fertig sein.

Blick über die Reste des Hamburger Bahnhofs von Berlin im Sommer 1990. Foto Nowak

Bahnhof Spandau

Für die Hamburger Bahn hat Friedrich Neuhaus bei Spandau vor Berlin ein geräumiges zweigeschossiges Empfangsgebäude errichten lassen. Da in der unmittelbaren Nähe der Festung Spandau keine größeren Bauten erlaubt waren, mußte dieser Bahnhof an die bis heute sehr unpraktisch erscheinende Stelle auf dem linken Havelufer rücken. Die Strecke von Berlin bis Boizenburg an der Elbe ist am 15. Oktober 1846 eröffnet worden. Nach der Verstaatlichung der alten Privatbahnen wurde der Bahnhof Spandau bis 1890 so umgebaut, daß ihn auch die Züge der Lehrter Bahn mitbenutzen konnten. Zwischen 1909 und 1911 wurde die Hamburger Bahn bis Nauen viergleisig ausgebaut; auf Spandauer Gebiet wurden ab 1903 die Gleise zur Trennung vom Straßenverkehr hochgelegt. Damit rückte der Neuhaus-Bau etwas in den Schatten der Strecke. Die Ansichtspostkarte zeigt noch den *alten Zustand* kurz vor der

Jahrhundertwende. Auf dem Vorplatz warten Wagen der meterspurigen Straßenbahn auf Fahrgäste.

Im Kern ist der Spandauer Bahnhof von Friedrich Neuhaus heute noch vorhanden, doch läßt ein Vergleich der Aufnahmen auch eine Fülle unschöner (und teilweise unnötiger) Veränderungen erkennen: Das alte Walmdach ist einem wenig kunstvollen Satteldach gewichen, statt des Quaderputzes ziert einfacher Glattputz das Obergeschoß, viele Fenster sind vermauert oder verkleinert worden, und schließlich reicht auch die Qualität des neuen Anbaus nicht an den Stil seines Vorgängers heran. Die Reichsbahn hatte den Bahnhof Spandau am 17. Mai 1952 geschlossen, und die Hamburger Züge zur Stadtbahn fuhren hier bis Ende 1961 ohne Halt durch, ehe sie sogar über Griebnitzsee im Südwesten Berlins geleitet wurden. Seit dem 26. September 1976 wurde diese Station aber wieder für den Transitverkehr benutzt, nachdem der Verkehrsvertrag zwischen den beiden deutschen Staaten manche Erleichterungen gebracht hatte. In den kommenden Jahren soll Spandau einen neuen Bahnhof für die Schnellbahn am Rathaus erhalten.

Bahnhof Berlin-Spandau, 1990. Foto Nowak

Der Stettiner Bahnhof

Die Eisenbahn von Berlin nach Stettin ist 1842/43 in Betrieb gegangen. Am Bau der Bahn hat Friedrich Neuhaus mitgewirkt; von dem Architekten des kleinen ersten Stettiner Bahnhofs wissen wir nichts. Den Stettiner Bahnhof der zweiten Generation hat 1872/76 der Architekt Theodor August Stein als Rohziegelbau entworfen. Bemerkenswert ist die Aufnahme der Hallenform in der Fassade zwischen den beiden achteckigen Türmen, denn damals verbarg man solche technisch vorgegebenen Maße gern vor dem Betrachter. Zwischen 1895 und 1903 wurden auf der östlichen Seite drei kleine Hallen für den Fernverkehr, auf der westlichen Seite eine Anlage für den Vorortverkehr angebaut. Die erste Ansichtskarte, 1930 abgestempelt, läßt uns auf den lebhaften Verkehr der Straßenbahnen und Droschken auf der Invalidenstraße blicken, zudem auf eine typische Straßenbahn-Wartehalle und ein klassisches Berliner Pissoir, genannt *Café Achteck*.

Haupthalle des Stettiner Bahnhofs, um 1925

Der alte Stettiner Bahnhof ist 1936 zum Ausgangspunkt der noch heute bestehenden Nordsüd-S-Bahn geworden, so daß die Vorortlinien von Bernau,

Die Invalidenstraße am
einstigen Stettiner Bahn-
hof, 1990. Foto Nowak

Oranienburg und Velten hier unterirdisch zum Potsdamer und Anhalter
Bahnhof verkehrten. 1937 wurde daraufhin der Vorplatz umgestaltet. Der
Fernverkehr von diesem Berliner *Ferienbahnhof* zur Ostsee blieb aber weiterhin stark und endete erst im Zweiten Weltkrieg. Den überstand das Bauwerk
von Stein relativ gut, wenn auch mit zerstörten Dächern. 1950 wurde ihm
der neue Name *Nordbahnhof* gegeben, am 17. Mai 1952 wurde der Bahnbetrieb eingestellt, weil seine Zufahrtsstrecken zwischen Pankow und Gesundbrunnen auf der Grenze zu West-
Berlin lagen. 1955 entschied sich das
Verkehrministerium für den Abriß, der
aber erst 1962, ein Jahr nach dem
Mauerbau, abgeschlossen war. Das
Gelände an der Invalidenstraße, der
Chausseestraße und der Borsigstraße
verödete allmählich, zumal auch die
S-Bahn-Station *Nordbahnhof* seit dem
13. August 1961 nicht mehr benutzt
werden konnte. Auf dem Gelände
steht heute ein Betonwerk.

Vorfahrt einer NAG-Droschke am Hauptportal
des Stettiner Bahnhofs, um 1910

29

Berlin. Am Küstriner Platz

Das frühere Empfangs-
gebäude der preußischen
Ostbahn am Küstriner
Platz, als Revuetheater
Plaza, um 1930

Der frühere
Küstriner Bahnhof

Das Varieté mit dem Namen *Plaza* am einstigen Küstriner Platz kennen viele alte Berliner; seine Ruine stand noch einige Zeit nach dem Krieg dort, und selbst heute gibt es an der Ecke gegenüber noch ein kleines *Plaza-Café*. Nur wenige wissen, daß dieser neoklassizistische Bau einmal als Bahnhof der Preußischen Ostbahn am 1. Oktober 1867 eröffnet worden ist. Bis zum 14. Mai 1882 rollten hier die Züge aus Königsberg, Dirschau und Brom-berg herein, die fortan auf die neu-eröffnete Stadtbahnstrecke geleitet wurden. Dieser Küstriner Bahnhof, wegen seiner Bahngesellschaft da-mals auch Ostbahnhof genannt, war von Hofbaurat Adolph Hermann Lohse entworfen worden. Nach 1882 übernahm die Finanzverwaltung die Vermietung des Gebäudes, in wel-

Ausschnitt von *Straubes
Schul-Plan von Berlin 1915*
mit dem Küstriner Platz,
dem ehemaligen
Ostbahnhof und dem
Schlesischen Bahnhof

ches 1929 mit dem *Plaza* das *Varieté im Ostbahnhof* einzog. Die Festsäle faßten dreitausend Menschen und erfreuten sich in der dichtbevölkerten Gegend des Berliner Ostens großer Beliebtheit. Das erste Ansichtskartenbild zeigt rechts auch eine Häuserzeile der Straße *Am Ostbahnhof.*

Das Varieté *Plaza* am Küstriner Platz 11 hatte sich 1928, wie der *Abend* zu berichten wußte, für 25 Jahre im früheren Ostbahnhof eingemietet. Im Zweiten Weltkrieg wurde dieser Teil der Stadt sehr stark zerstört. Das Theater schloß im September 1944. Die ehemalige Fruchtstraße (vom Schlesischen Bahnhof zur Frankfurter Allee) erhielt mit dem Abriß der alten Mietskasernen und dem Aufbau neuer Wohnhochhäuser den Namen *Straße der Pariser Kommune.* Der frühere Küstriner Platz bekam den Namen des marxistischen Historikers Franz Mehring. Im *Stadtführer-Atlas Berlin* von 1973 ist darüber zu lesen: *Am Franz-Mehring-Platz, etwa dort, wo früher das Varieté Plaza stand, in dem wie auf dem Platz Kundgebungen der Arbeiter des roten Ostens stattgefunden haben, erhebt sich heute das neue Gebäude des Verlages, der Redaktion und der Druckerei Neues Deutschland.* Es wurde nach Plänen der Kollektive Edgar Hofmann und Eberhard Just zwischen 1969 und 1974 errichtet. Leider hat damals das Verständnis für die alte Ruine gefehlt, die man der *Schinkelschule* zurechnen kann. In den gegenüberliegenden Wohnhochhäusern wurden viele Mitarbeiter dieser Zeitung untergebracht; aus einer solchen Wohnung wurde das aktuelle Bild gemacht.

Blick über den vormaligen Küstriner Platz auf das Verlagsgebäude Neues Deutschland, 1990. Foto Nowak

31

Der Schlesische Bahnhof

Der Schlesische Bahnhof im Berliner Osten; Ansichtskartenbild um 1924

Ein ganzes eigenes Buch ließe sich mit der Geschichte dieses Bauwerks füllen. Seine *Biografie* beginnt mit dem kleinen *Frankfurter Bahnhof* von 1842, der bald darauf Niederschlesisch-Märkischer Bahnhof genannt wurde. Ein Neubau von Römer, Grüttefien und Schwedler (1867/69) wurde zwischen 1878 und 1882 kurzerhand vom Kopfbahnhof zum östlichen Endpunkt der Stadtbahn und damit zum Durchgangsbahnhof umgestaltet: Eine Halle für den Lokalverkehr wurde angebaut, die Hallenstirnwand wurde durchbrochen, und so hatte der Bau, als der Ansichtskartenfotograf nach dem Ersten Weltkrieg daherkam, nur noch einen Turm an seiner Westseite aufzuweisen. Den Namen *Schlesischer Bahnhof* trug er von 1881 bis 1950, dann hat man ihn als *Ostbahnhof* bezeichnet. Das gibt bis heute Anlaß zu Mißverständnissen, denn einen Ostbahnhof (am Küstriner Platz) hatte Berlin ja schon von 1867 bis 1882 besessen.

In den Jahren 1925/26 mußte die verrottete Stadtbahnhalle, sodann 1934/37 auch die Fernbahnhalle des Schlesischen Bahnhofs durch einen Neubau in alter Form ersetzt werden. Nach Kriegszerstörungen wurde hier ein Empfangsgebäude in weißem Putz mit einfachen Rundbogenfenstern hingestellt und, wie gesagt, am 1. Dezember 1950 zum *Ostbahnhof* gemacht. Der bald wieder dunkle, verbrauchte Bau inmitten der Hauptstadt der DDR sollte aber anläßlich der 750-Jahrfeier Berlins 1987 deutlich aufgewertet werden. Man entschied sich daher 1985 für einen sehr weitgehenden Abriß und Neubau mit anschließender Rekonstruktion der Hallen, Tunnel und Bahnsteiganlagen. Am 31. Mai 1987 erreichte der Fahrdraht den Bahnhof, am 15. Dezember 1987 wurde er offiziell in *Berlin Hauptbahnhof* umgetauft. 1990 sollten die Bauarbeiten beendet sein, doch läßt die Aufnahme vom Mai des Jahres noch ein gewisses Programm erkennen. Ein Architekt wird für diesen Bau des Generalprojektanten *VEB Bau- und Montagekombinat Ingenieurhochbau Berlin* nicht genannt. Anfang 1991 wurde in der Stadt diskutiert, ob dieser Bahnhof in Zukunft wieder einer der alten Namen tragen oder eine neue Bezeichnung bekommen sollte. Viele Stimmen wurden für die Rückkehr zum *Schlesischen Bahnhof* laut.

Der Schlesische Bahnhof wurde 1950 als Ostbahnhof bezeichnet. Die Eingangshalle nach ihrer Wiederherstellung, um 1955

Der Berliner *Hauptbahnhof* im Sommer 1990. Foto Nowak

Über die Berliner Stadtbahn

Eine *Fahrt* über die Berliner Stadtbahnstrecke schließt sich nun an. Sie beginnt, nachdem der alte Schlesische Bahnhof schon erwähnt wurde, im Osten an der Jannowitzbrücke und führt über die Bahnhöfe Alexanderplatz und Friedrichstraße langsam westwärts nach Bellevue, zum Bahnhof Zoologischer Garten, zum Savignyplatz und zum Bahnhof Charlottenburg, um am Westkreuz in Halensee zu enden. Die berühmte gemauerte Viaduktbahn, die auf 731 Bögen die Stadt durchquert, ist 12 145 Meter lang. Zwei Gleise, eröffnet am 7. Februar 1882, dienen dem *Lokalverkehr*, während zwei weitere Gleise, eröffnet am 15. Mai 1882, dem Fernverkehr dienen. Die mustergültige Anlage war immer ein *langgezogener Zentralbahnhof* für Berlin im Verkehr zwischen Ost und West; hingegen ist der seit 1910 vielmals vorgeschlagene Bau einer ihr entsprechenden Nordsüd-Verbindung erst in den dreißiger Jahren und nur für den Nahverkehr zustandegekommen.

Die Bahnhöfe der Stadt Berlin und Umgebung, entnommen Griebens Reiseführer für Berlin und Umgebung von 1910

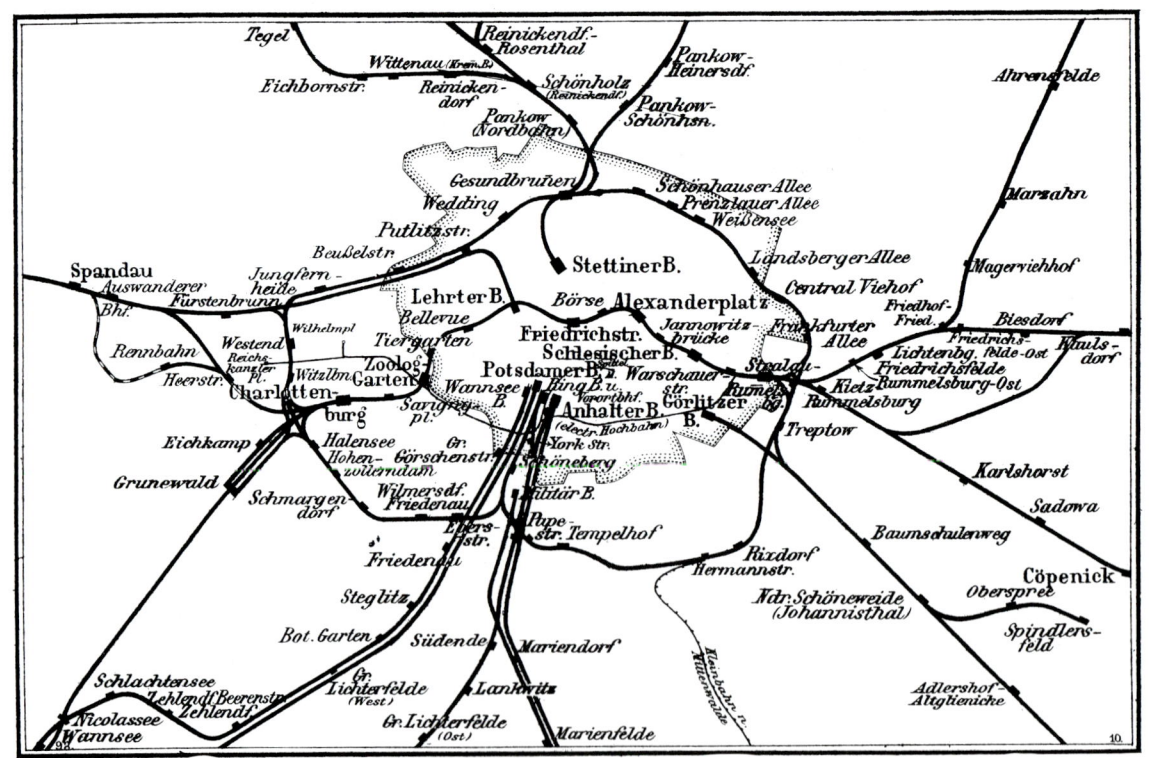

34

Die Lokalzüge der Stadtbahn konnten seit dem 11. Juni 1928 elektrisch fahren und ließen damit bald das Zeitalter der *S-Bahn,* der elektrischen Schnellbahn, anbrechen. Unvergeßlich sind vielen älteren Berlinern die Zeiten der Olympiade von 1936, als die rot-gelben Züge auf der Stadtbahnstrecke im Neunzig-Sekunden-Abstand verkehrten, unvergessen sind auch die Kriegs- und Nachkriegsjahre auf der Stadtbahn, als man über jede Beförderungsmöglichkeit überhaupt froh war.

Auch den Bahnbetrieb auf der Stadtbahn besorgte, einer alliierten Bestimmung folgend, nach 1945 weiterhin die Deutsche Reichsbahn. So begann 1950 die Ära der *Interzonenzüge* im Fernverkehr und der *Durchläufer* ohne Halt im Nahverkehr zwischen Ost-Berlin und Potsdam, auf die nach dem Mauerbau von 1961 die Zeit des *S-Bahn-Boykotts* durch die West-Berliner folgte. Nach dem Streik der Reichsbahner im September 1980 wurde der elektrische S-Bahn-Verkehr auf der Stadtbahn stark eingeschränkt und endlich am 9. Januar 1984 an die BVG übergeben, die sich seitdem nach Kräften und mit Erfolg um eine Wiederbelebung dieser Linie bemüht. Der Eisenbahn-Fernverkehr auf der Stadtbahn, bedrängt von Automobil und Flugzeug, galt für lange Zeit immer als zweite Wahl. Seit Mai 1990 fahren Interregio-Züge bis zur Berliner Stadtbahn, seit September 1990 sogar die Intercity-Züge der Bundesbahn. Nun muß das hundertjährige Bauwerk grundlegend überholt werden.

In beiden Stadthälften ist zu 750-Jahr-Feier Berlins im Jahre 1987 jeweils ein Fernbahnhof der Stadtbahn mächtig herausgeputzt worden: Im Westen der vielbesungene und vielgeschmähte *Bahnhof Zoo* nahe dem Kurfürstendamm, im Osten der traditionsreiche Schlesische Bahnhof und zwischenzeitliche *Ostbahnhof* als symbolträchtiger *Hauptbahnhof* der Ära Honecker. In den kommenden Jahren nach der deutschen Einigung dürfte die Kapazität dieser Stadtbahnhöfe nicht mehr ausreichen, so daß die Planung eines neuen Zentralbahnhofs in Angriff genommen worden ist.

Jannowitzbrücke und Stadtbahnstrecke

Das volle Menschenleben spricht aus dem quirligen Ansichtskartenbild, das über die Spree nordwärts in Richtung Holzmarkt und Alexanderstraße blicken läßt. Eine Straßenbahn auf der Linie 35 nach der Exerzierstraße (Ecke Reinickendorfer Straße), ein schwerbeladenes Pferdefuhrwerk und ein dampfgeführter Stadtbahnzug auf seinem Weg zum Bahnhof Alexanderplatz nehmen das Auge des Betrachters sofort gefangen. Die Jannowitzbrücke selbst hat eine lange Geschichte: 1822 als gebührenpflichtige *Sechserbrücke* nur für Fußgänger und Fuhrwerke errichtet, 1883 als dreifeldrige Bogenbrücke (wie in diesem Bild) neu erbaut, 1927 bis 1934 durch einen Bogenträger mit abgehängter Fahrbahn (beim Bau der Untergrundbahn von Neukölln zum Gesundbrunnen), ersetzt, wurde sie 1945 bei den Kämpfen um Berlin noch zerstört.

Die Jannowitzbrücke mit Spree und Stadtbahnstrecke, um 1926

Bei der Betrachtung des aktuellen Bildes wird deutlich, wie schwierig mitunter die Anfertigung eines *Vergleichsbildes* von einst und jetzt sein kann.

Die Bebauung an der Brückenstraße vor der Jannowitzbrücke ist nach Kriegsschäden nur noch teilweise vorhanden, und so zeigt die heutige Aufnahme aus der ehemaligen FDGB-Zentrale etwas mehr Abstand zur Stadtbahnstrecke von 1882. Darauf verkehrt ein elektrischer S-Bahn-Zug im rot-weißen Anstrich der Reichsbahnzeit nach 1980. Der Bahnhof Jannowitzbrücke, zwischen 1927 und 1932 als Stahlbau nach Plänen von Hugo Röttcher neu ausgeführt, ist in der Spree gegründet. Die heutige Jannowitzbrücke wurde von 1952 bis 1954 auf einem mittleren Strompfeiler errichtet; statt der einstigen Straßenbahnlinien in ihrer Mitte ist ein nutzloses Betonfeld angelegt.

An der Jannowitzbrücke im Sommer 1990. Foto Nowak

Die Bogenbrücke mit abgehängter Fahrbahn an der Jannowitzbrücke, Aufnahme um 1936

Bahnhof Alexanderplatz und Dircksenstraße, um 1931

Die kriegszerstörte Halle, um 1960

Bahnhof Alexanderplatz und Dircksenstraße

Beim Bau der Berliner Stadtbahn wurde der Station am Alexanderplatz große Bedeutung beigemessen. Sie erhielt eine mächtige, vier Gleise überspannende Halle auf einem barockisierenden Sockelgeschoß, alles entworfen von Johann Eduard Jacobsthal. Die vom Dampfbetrieb zerfressene eiserne Halle mußte 1926 komplett erneuert werden. Der Alexanderplatz selbst wurde ab 1929, wie auch in Alfred Döblins gleichnamigem Roman zu lesen ist, vollkommen umgestaltet; einen mächtigen Akzent setzten dazu die beiden hohen Geschäfts- und Bürohäuser *Alexander* und *Berolina* von Peter Behrens aus den Jahren 1930/31. Der wichtigste Erbauer der

Stadtbahn, Ernst Dircksen, wurde zum Namensgeber der Straße. Das Tor zur Untergrundbahn auf dem ersten Bild führt zu der 1930 eröffneten Linie vom Alexanderplatz nach Friedrichsfelde.

Nach schweren Kriegsschäden ist der Bahnhof Alexanderplatz 1951 wiederhergestellt worden. Einen grundlegenden Umbau erfuhr der Stadtbahnhof zwischen 1961 und 1964 nach Plänen von May und Andrich: Sie bauten eine helle großflächige Halle im Stil der Moderne auf und glätteten auch das Sockelgeschoß innen und außen mit Granit. Fernzüge haben hier seit dem Umbau aber nicht mehr gehalten, dazu war der Betrieb auf der Strecke mit dem *unechten Kopfbahnhof* Friedrichstraße ab August 1961 für die Stadtbahnzüge zu dicht. Die Behrens-Hochhäuser haben den Krieg glimpflich überstanden und sind restauriert worden.

Am Bahnhof Alexanderplatz, Sommer 1990. Foto Nowak

Bahnhof Friedrichstraße

Als *Zentralbahnhof* hat man diese Station der Berliner Stadtbahn bei ihrer Eröffnung 1882 auch bezeichnet, weil sie so nah der historischen Mitte der Stadt gelegen war. Allerdings erwies sich der ursprüngliche Bau mit seiner viergleisigen Halle von Johannes Vollmer schon vor dem Ersten Weltkrieg als zu klein. Mit dem Umbau wurde zwar schon 1913 begonnen, doch die abgebildete zweischiffige Halle nach den Plänen von Carl Theodor Brodführer ist erst zwischen 1919 und 1925 errichtet worden. Nun standen für den Fernverkehr vier Gleise an zwei Bahnsteigen zur Verfügung, so daß sich hier auch Züge überholen konnten. Die kleine (nördliche) Stadtbahnhalle wurde seit 11. Juni 1928 von elektrischen S-Bahn-Zügen angefahren. Die Dampflokomotive 38 2130 auf dem Ansichtskartenbild war in Landsberg an der Warthe beheimatet. Links ist ein Bauschild von der neuen Nordsüd-S-Bahn zu erkennen, rechts war der Eingang zu *Aschinger* und zum *Franziskaner*.

Östliche Ausfahrt des Bahnhofs Friedrichstraße, um 1935

Wie kaum ein anderer Bahnhof Berlins hat die *Friedrichstraße* in den vergangenen drei Jahrzehnten ihre Rolle im Leben der Menschen zwischen Ost

und West gehabt. Seit dem 13. August 1961 bestand hier ein Grenzbahnhof. Die S-Bahn-Züge aus Richtung Osten endeten in der kleinen Stadtbahnhalle, während die S-Bahnen aus Richtung Westen in die Fernbahnhalle an den Mittelbahnsteig umgeleitet wurden. Für den bescheidenen Fernverkehr reichte nun ein Bahnsteig aus. Die gesamte Fernbahnhalle, die sozusagen noch *im Westen* lag, wurde mit hohen Sichtblenden und Gittern umgeben; zur Einreisekontrolle nach Ost-Berlin mußte man durch ein Untergeschoß des Bahnhofs gehen. Weiße Linien auf dem Fernbahnsteig, hinter

Der erste Bahnhof Friedrichstraße in einem Postkartenbild von 1914; dabei die alte Brücke

denen die Reisenden zu warten hatten, und Wachposten sogar oben in der Halle prägten das Bild dieses Bahnhofs bis zum November 1989. Die Aufnahme vom Juli 1990 mit der Bankreklame zeigt ein neues Bild, denn seit dem 2. Juli 1990 fahren viele S-Bahnen in *Friedrichstraße* wieder durch.

Bahnhof Friedrichstraße nach Öffnung der Mauer im Sommer 1990. Foto Nowak

Die Spree mit der Bellevuebrücke der Stadtbahn, um 1933

Luftbild des Spreebogens am Bahnhof Bellevue mit dem Tiergarten, dem Gerickesteg und den Häusern von Moabit; um 1925

Die Bellevuebrücke der Stadtbahn

Der Fernzug im ersten Bild ist, vom Bahnhof Friedrichstraße kommend, unterwegs zum Bahnhof Zoologischer Garten. Gleich wird er die Stadtbahnstation Bellevue, so genannt nach dem nicht weit entfernt gelegenen Schloß, passieren. Die Brücke ist ein Umbau der Jahre 1924/25, nachdem sich die älteren acht Strompfeiler (in zwei Reihen) unterschiedlich gesetzt hatten und ausgewechselt werden mußten. Im Hintergrund der Aufnahme sind der Gerickesteg und die Moabiter Brücke zu erkennen. Fast unverändert ist die Situation an der Spreebrücke heute: Signalbrücke und S-Bahn-Hinweis mit Pfeil zum Bahnhof Bellevue, Brückengeländer und Pfeiler haben die vergangenen Jahrzehnte gut überstanden. Auf den Stadtbahngleisen rollt im aktuellen Bild kein Fernzug, sondern eine *Berliner S-Bahn 1990*, gebildet aus einem Viertelzug der BVG im rot-gelben Anstrich (links) und einem Viertelzug der Reichsbahn in rot-weißer Lackierung (rechts). Diese Einstellung von Reichsbahn-Fahrzeugen in Züge auf der westlichen Stadtbahnstrecke war im ersten Halbjahr 1990 üblich, weil das Verkehrsaufkommen nach dem Fall der Mauer sprunghaft angestiegen war.

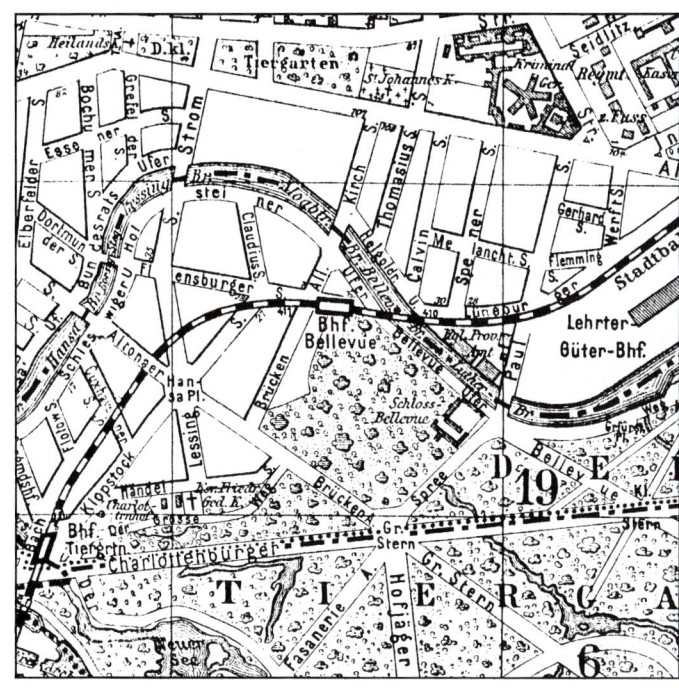

Der Bahnhof Bellevue in *Straubes Schul-Plan von Berlin 1915*

Bellevuebrücke, Stadtbahnzug und Spree im Sommer 1990. Foto Nowak

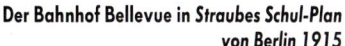

Bahnhof Zoologischer Garten

Mit dem Bau der Berliner Stadtbahn wurde am 7. Februar 1882 am Zoologischen Garten nur eine Haltestelle für den Nahverkehr eröffnet, neben der bis zum 15. Oktober 1884 aber eine Fernbahn-Station errichtet wurde. Beide hatten jeweils zwei Gleise. Von diesen bescheidenen Hallen, die bereits seit 1910 als zu klein galten, ist im ersten Bild nur der Bau für den Fernverkehr zu sehen: 1935 war die Stadtbahnhalle bereits abgerissen für den Neubau, der heute noch vorhanden ist. Rechts sind die Wilhelmshallen am Zoo zu erkennen, hinter dem Bahnhof die Bauten der Jebensstraße mit dem Oberverwaltungsgericht von 1907 und dem Gebäude des Oberkirchenrats von 1910. Bei dem Umbau des Bahnhofs Zoologischer Garten von 1936 wurde auch die Überführung der Hardenbergstraße erneuert und auf mehr als 50 m Stützweite gebracht. Links am Bildrand die Abgänge zur Untergrundbahn.

Der Bahnhof Zoologischer Garten von der Hardenbergstraße, 1935/36

Der Blick über die Hardenbergstraße von heute läßt nicht nur einen vollkommen veränderten *Bahnhof Zoo* erkennen: Der Neubau nach einem Entwurf des Reichsbahn-Architekten Fritz Hane ist von 1935 bis 1940 ausgeführt worden. Für den Fernverkehr mit Dampfzügen ist damals eine hohe Halle mit vier Gleisen entstanden, wogegen die niedrige S-Bahn-Halle mit elektrischem Betrieb weiterhin mit zwei Gleisen auskam. Die Wilhelmshallen mit dem *Ufa-Palast* am rechten Bildrand der historischen Aufnahme sind als Kriegsschäden abzubuchen, während der Bau des Oberverwaltungsgerichts wiederherstellbar gewesen ist und heute das Bundesverwaltungsgericht beherbergt. Zur 750-Jahrfeier der Stadt ist dieser Bahnhof 1987 für mehr als 130 Millionen D-Mark modernisiert worden.

Der renovierte *Bahnhof* Zoo von Berlin im Sommer 1990. Foto Nowak

Im Krieg wurde der Bahnhof Zoo nicht fertiggestellt; Restaurant und Verglasung fehlten bis 1955

Die Stadtbahnstrecke am Savignyplatz

Stadtbahnzug am Savignyplatz, 1928. Foto AEG-Archiv

Die Berliner Stadtbahn, erste Viaduktbahn Europas mit ihren 731 gemauerten Bögen zwischen dem Schlesischen Bahnhof im Osten und dem Bahnhof Charlottenburg im Westen, wurde 1882 eröffnet und ist seitdem aus dem Leben der Großstadt nicht mehr wegzudenken. Auf dem nördlichen Gleispaar rollte der Lokalverkehr, während das südliche ganz überwiegend dem Fernverkehr zu dienen hatte. Am Savignyplatz ist übrigens erst 1896 eine Station eingerichtet worden, als das Gebiet um die Kantstraße und die Schlüterstraße mit Wohnhäusern bebaut worden war. Einen großen Wandel der Betriebsabwicklung brachte die Elektrifizierung der Stadtbahn mit Gleichstrom-Seitenschiene mit sich, die am 11. Juni 1928 in Betrieb ging. Das erste Bild zeigt einen der letzten traditionellen Dampfzüge auf dem Weg von Mahlsdorf (über Stadtbahn und Halensee) nach der Station Wilmersdorf-Friedenau. Im Hintergrund die Kaiser-Wilhelm-Gedächtniskirche, vorn die Brücke der Knesebeckstraße.

Daß seit dem Frühsommer 1928 in der ersten Abbildung mehr als sechzig Jahre vergangen sind, erzählen nicht nur die Häuser und Züge an der Berliner Stadtbahn mit Blick in Richtung Osten: Auch die Bäume auf dem einige Male umgestalteten Stadtplatz an der Einmündung von Grolmanstraße und Kneseckstraße zeigen den Lauf der Zeit deutlich an. Die Stadtbahnviadukte sind in dieser Gegend, seit die BVG im Jahre 1984 den Betrieb der S-Bahn übernommen

hat, sorgfältig instandgesetzt worden. Eine seit dem Krieg bestehende Baulücke direkt neben der Stadtbahn ist 1988 durch ein postmodernes Bauwerk geschlossen worden; die Gedächtniskirche steht im Hintergrund. Der Fotograf mußte am 18. Juli 1990 bei dem neuen Bild, da der alte Aufnahmestandpunkt im Haus Kneseckstraße 25 im Krieg zerstört worden ist, auf ein benachbartes Gebäude ausweichen. Bemerkenswert ist die Zuggarnitur, ein langer *Vollzug* der Reichsbahn auf dem am 2. Juli 1990 neu eingeführten Durchlauf von Erkner nach Wannsee, gebildet aus modernisierten Wagen der Reihe 277 im rot-weißen Anstrich.

Der Savignyplatz mit dampfgeführtem Stadtbahnzug, hinten die Kaiser-Friedrich-Schule; um 1906

Elektrischer Stadtbahnzug am Bahnhof Savignyplatz, 1990. Foto Nowak

Bahnhof Charlottenburg und Stuttgarter Platz

Als westlicher Endpunkt der Stadtbahnstrecke, zugleich als Knotenpunkt mit den von Westen herankommenden Fernbahnen aus Magdeburg, Blankenheim, Lehrte und Hamburg, wurde 1881/82 die Station Charlottenburg großzügig angelegt. Vier Bahnsteige für die einzelnen Bahnen wurden errichtet, doch den Bau eines repräsentativen Empfangsgebäudes verschob man erst einmal auf die Zeit, wenn die Charlottenburger Feldmark dichter bebaut sein sollte. Der provisorisch anmutende Fachwerkbau im Schweizerstil ist dann allerdings bis zum Zweiten Weltkrieg unverändert geblieben; nach Kriegsschäden trat bis 1972 ein Behelfsbau an seine Stelle. Der Blick in dem alten Ansichtskartenbild geht nach Osten in Richtung zum Bahnhof Savignyplatz; hinter dem Wasserturm der Eisenbahn lugt die Spitze der Kaiser-Wilhelm-Gedächtniskirche hervor. Rechts die Häuser der Gervinusstraße.

Auch im Hintergrund der aktuellen Aufnahme ist wieder der Turmstumpf der Gedächtniskirche zu sehen, daneben das Europa-Center am Breitscheid-

Der Bahnhof Charlottenburg mit dem Stuttgarter Platz in einem Ansichtskartenbild, das um 1905 entstanden ist

48

platz. Architektur und Stadtlandschaft im Vordergrund sind vollkommen verändert: Im Zusammenhang mit dem Straßendurchbruch der Lewishamstraße in Charlottenburg (zwischen Kurfürstendamm und Kaiser-Friedrich-Straße) wurde am Anfang der siebziger Jahre der Damm östlich des alten Bahnhofs durchstochen, gleichzeitig wurde neben dieser neuen Brücke von 1972 bis 1975 ein modernes Empfangsgebäude erstellt. Den Entwurf des Stahlbetonskelettbaus mit rotbrauner Klinkerverkleidung besorgte Günter Hönow. Die Bahnsteige blieben weitgehend unverändert; neben den Stadtbahnzügen halten in Charlottenburg zumeist nur Sonderzüge des Fernverkehrs. In den kommenden Jahren sollen die Bahnsteige ostwärts verlängert werden, um an der Wilmersdorfer Straße leichteren Übergang zur U-Bahn zu erreichen.

Der neue Bahnhof Charlottenburg an der Unterführung der Lewishamstraße, 1990. Foto Nowak

Das nach dem Krieg notdürftig wiederhergestellte Empfangsgebäude am Stuttgarter Platz in Charlottenburg, 1965. Foto Krafft

Halensee und
Ausstellungsgelände

Über die Halenseestraße im Vordergrund geht der Blick in der ersten Bild-
postkarte (etwa vom heutigen Rathenauplatz) nordwärts auf den Funkturm
von 1926 und die hohe *Ehrenhalle* des Messegeländes von 1936. Am linken
Rand ist die Nordkurve der Avus-Rennstrecke zu erkennen, die zusammen
mit der neuen Halenseestraße als Zubringer vom Kurfürstendamm 1935/36
angelegt worden ist. Zwischen 1937 und 1940 ist die Avus über Nikolassee
hinaus mit dem Berliner Ring verbunden und zum Bestandteil des Reichsauto-
bahnnetzes gemacht worden. In dieser Zeit der Olympischen Spiele von
1936 sind auch die in der Aufnahme gezeigten Eisenbahnbrücken erneuert
worden: Die niedrigen Brücken vorn dienen Zügen von der Ringbahn nach
Grunewald, während auf den gemauerten Bögen die Züge von der Stadtbahn nach Grunewald und nach Spandau fahren. Jenseits des rechten Bild-
randes ist der 1928 erbaute Bahnhof Westkreuz zu denken.

Der bedeutsamste Eingriff in die Landschaft und in das Bild am Halensee entstand mit dem Bau des Autobahn-Stadtrings zwischen 1967 und 1971, der hier auf die Trasse der Halenseestraße gelegt wurde. Um Platz für das Autobahndreieck Funkturm zu schaffen, wurde auch die steile Avus-Nordkurve damals abgetragen. Im Hintergrund des aktuellen Bildes sind neben Funkturm und Messehallen nun das SFB-Sendezentrum von 1971 und das Internationale Congress-Centrum von 1979 auszumachen. Neben die noch weitgehend erhaltenen Eisenbahnbrücken, von denen nur ein Teil regelmäßig befahren wird, hat man eine Autobahnbrücke aus Beton gestellt. Die Kraftfahrzeuge im Vordergrund rollen an der Ausfahrt Kurfürstendamm südwärts dem Hohenzollerndamm entgegen. Hinter den Bäumen am rechten Bildrand liegt versteckt der Bahnhof *Westkreuz* der Berliner Stadt- und Ringbahn; eröffnet 1928.

**Stadtautobahn am Halensee im Sommer 1990.
Foto Nowak**

Auf der Berliner Ringbahn

Eine schöne Tour rundum durch alle Stadtteile Berlins ließ sich bis zum Mauer-bau 1961 mit den Zügen auf der Ringbahnstrecke unternehmen; womöglich ist eine gleichartige Fahrt in ein paar Jahren wieder möglich. Als die Ring-bahn angelegt wurde, verliefen manche Abschnitte noch inmitten von Fel-dern und Wiesen der Berliner Außenbezirke, aber gerade mit Hilfe der Eisen-bahn sind diese Gebiete dann schnell und dicht besiedelt worden.

Eine alte *Verbindungsbahn* zwischen den einzelnen Berliner Kopfbahnhöfen war schon 1851 eingerichtet worden, doch diente sie nur dem Güter- und Militärverkehr. Sie wurde durch die in zwei Teilen erbaute *Neue Verbin-dungsbahn*, wie die Ringbahn zunächst hieß, ersetzt: Die am 17. Juli 1871 mit Güterzügen eröffnete östliche Hälfte von Moabit über Gesundbrunnen und Stralau-Rummelsburg bis Rixdorf und Schöneberg konnte ab 1. Janaur 1872 auch mit Personenzügen befahren werden. Die westliche Hälfte, also der Schluß zur *Ringbahn* von Moabit über die heutigen Bahnhöfe Westend und Halensee nach Wilmersdorf und Tempelhof, wurde seit dem 15. Novem-ber 1877 benutzt. Umsteigemöglichkeiten von der Ringbahn auf die Züge nach den Fernbahnhöfen wurden vielfach eingerichtet, darunter als Beson-derheit die *Südring-Spitzkehre* am Potsdamer Bahnhof. Um nämlich die Fahrgäste näher an das Stadtzentrum (Leipziger Straße und Wilhelmstraße) heranzubringen, rollten die Südringzüge zwischen dem Bahnhof Ebersstraße in Schöneberg und dem Ringbahnhof Tempelhof nordwärts zum Potsdamer Bahnhof hinein. Da diese Fahrt mit dem *Kopfmachen* des Zuges einige Zeit kostete, wurde auf dem Bahnhof Kolonnenstraße die fahrplanmäßige Mög-lichkeit zum flinken Wechsel der Reisenden auf jenen Zug eingerichtet, der dieses Manöver bereits erledigt hatte und wieder dem Südring zustrebte.

Zwischen 1887 und 1896 wurde die Ringbahn zur Trennung des Personen-verkehrs vom Güterverkehr viergleisig ausgebaut und auch vom Straßen-niveau entfernt, zugleich hat man viele Stationen umgebaut. Am 1. April 1891 wurde eine separate Ringbahnstation am Potsdamer Bahnhof in Be-trieb genommen, die den enorm gewachsenen Verkehr auf der *Spitzkehre* besser bewältigte. Zwischen dem 6. November 1928 und dem 18. April 1929 wurde auch die Berliner Ringbahn mit Stromschiene elektrifiziert und nun noch dichter befahren. Seit Anfang 1944 wurde die Südring-Spitzkehre wegen Bombenschäden nicht mehr benutzt, doch zerbrochen wurde der Ring erst am 13. August 1961. Damals blieb im Westen der Stadt ein *Halb-ring* zwischen Gesundbrunnen und Sonnenallee oder Köllnische Heide übrig, während der östliche *Halbring* mit den Vorortstrecken im Norden und Süden neu verknüpft worden ist. Der halbe westliche Ring wurde nach dem S-Bahn-

Streik am 28. September 1980 stillgelegt. Er wird seit 1984 vom Senat und von der BVG betreut, die im September 1989 an die Wiederinbetriebnahme des Abschnitts zwischen den Bahnhöfen Westend und Schöneberg herangegangen sind. Die Eröffnung war für 1992 geplant, 1994 wollte man bis zur Sonnenallee fahren, doch sind seit dem Fall der Mauer am 9. November 1989 auch hier ganz neue Entwicklungen zu erwarten. Durch den deutschen Einigungsvertrag wird die S-Bahn in Berlin wieder zusammengeführt.

Die Bilderfolge beginnt, nachdem das vorhergehende Kapitel am Westkreuz geendet hatte, am Ringbahnhof Halensee und führt – entgegen dem Uhrzeigersinn – ostwärts nach Schöneberg, zum Potsdamer Bahnhof, nach Neukölln, sodann zum Nordring an der Schönhauser Allee und am Gesundbrunnen. Das Kapitel schließt mit Abstechern von der Ringbahn zur Siemensbahn und zu den nahegelegenen Bahnfabriken von AEG und Borsig mit ihren repräsentativen Torbauten.

Übersichtskarte aus dem Amtlichen Taschenfahrplan der Stadt-, Ring- und Vorortbahn der Reichsbahndirektion Berlin, gültig vom 2. Oktober 1932 bis zum 14. Mai 1933

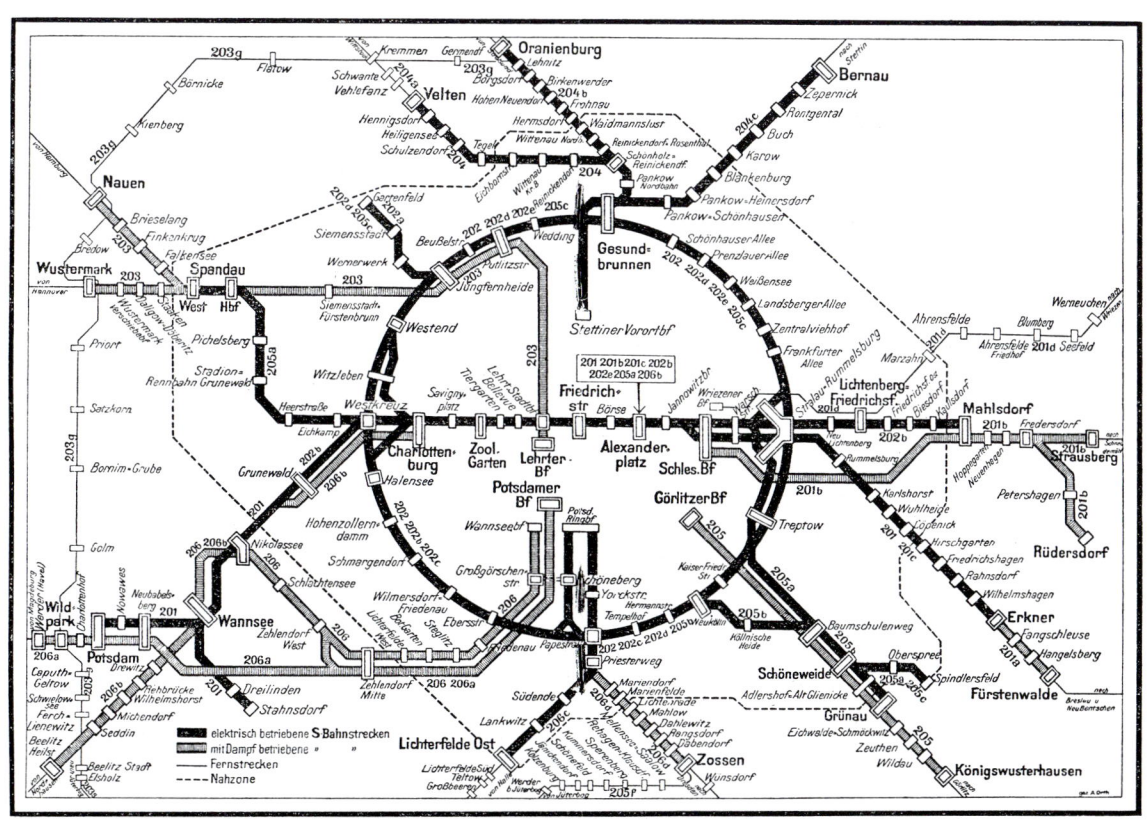

Bahnhof Halensee der Ringbahn

Bahnhof Halensee der Ringbahnstrecke, 1929. Foto Grünwald

Nicht das Empfangsgebäude an der Kurfürstendammbrücke, sondern der Güterbahnhof und die beiden Bahnsteige vor den Häusern der Seesener Straße von Wilmersdorf stehen im Mittelpunkt der ersten Aufnahme. Die Station am westlichen Teil der Ringbahn war am 15. November 1877 mit dem Namen *Grunewald* eröffnet worden. Sie hatte 1893/94, beim viergleisigen Ausbau der Ringbahn zur Trennung von Personen- und Güterverkehr, ein neues Empfangsgebäude erhalten. Der weitere Ausbau von Halensee mit den beiden Bahnsteigen war notwendig geworden, um neben den Vollringzügen auch Züge von der Stadtbahn und Ausflugszüge von Grunewald zum Südring bewältigen zu können. Der S-Bahn-Vollzug in dieser Aufnahme, die kurz nach dem Beginn des elektrischen Betriebs entstanden ist, fährt in Richtung Hohenzollerndamm weiter.

Während das Treppenhaus mit seiner Gewächshausarchitektur noch unverkennbar ein Teil des alten Bahnhofs Halensee ist, erzählt das neue Empfangsgebäude von Krieg und Nachkriegszeit. Der hellblau gekachelte Stahlbetonskelettbau mit dem weit vorkragenden Dach und den offen wirkenden Glasflächen zum Kurfürstendamm hin war 1958/60 errichtet worden. Nach

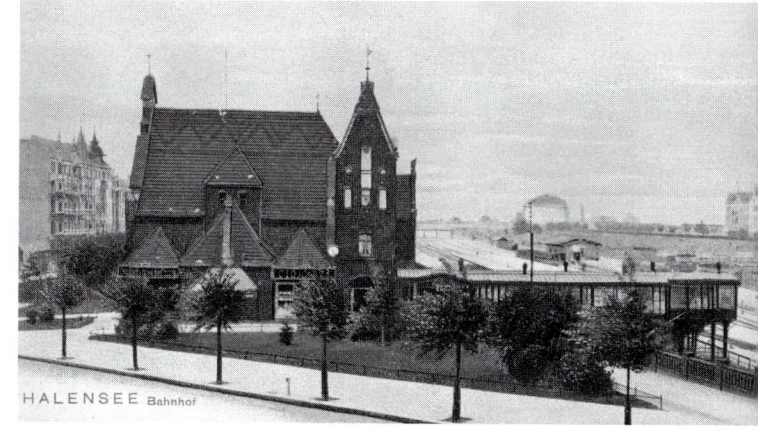

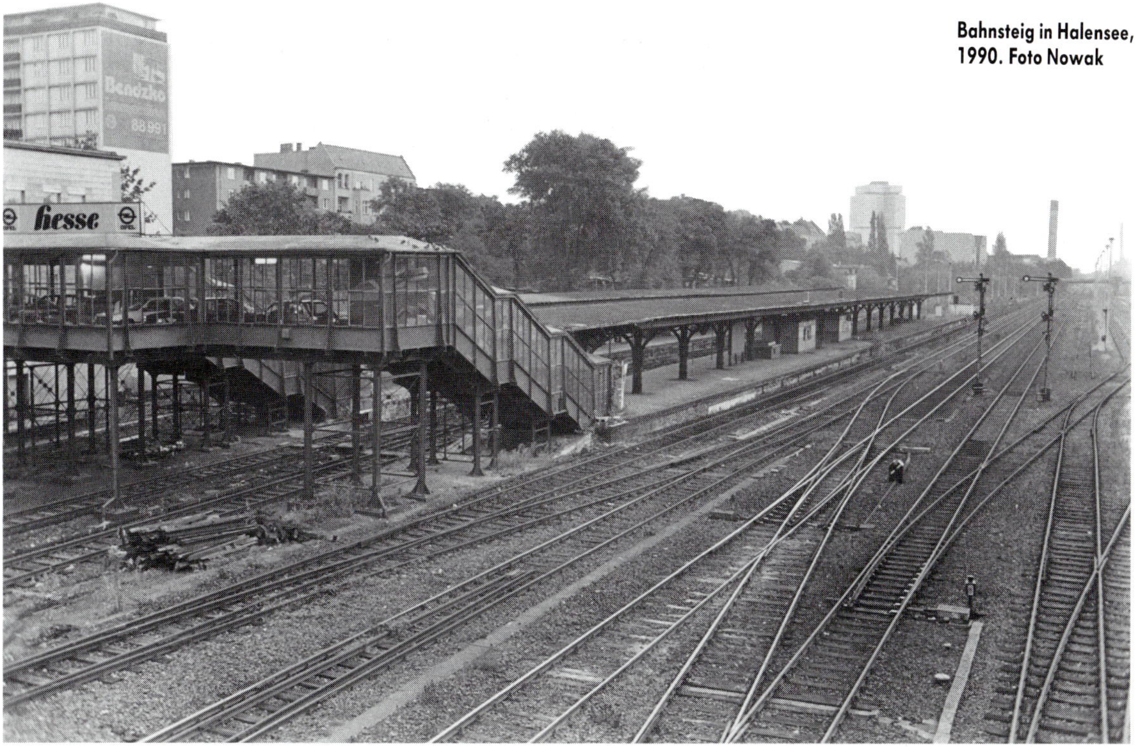

Bahnsteig in Halensee, 1990. Foto Nowak

der Stillegung der Ringbahn 1980 wurde die Halle pikanterweise an einen Autohändler vermietet; dazu hat man 1984/85 auch das Treppenhaus überholt. Bei der Renovierung 1990 legte man am Bahnsteig einen zusätzlichen südöstlichen Ausgang an. Da Pläne bestanden, den gesamten Bahnbereich in Halensee mit tausend Wohnungen und Gewerbeflächen zu überbauen, kann sich dieses Bild in der näheren Zukunft grundlegend ändern. Der Turmbau im Hintergrund dient der Bundesversicherungsanstalt für Angestellte am Fehrbelliner Platz; er wurde zwischen 1973 und 1977 errichtet.

Das Empfangsgebäude des Bahnhofs Halensee auf dieser Jahrhundertwende-Ansichtskarte ist 1893/94 erbaut worden

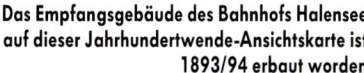

Ringbahnhof Ebersstraße

Um den zunehmenden Personenverkehr auf dem Südring nach der Einrichtung des Potsdamer Ringbahnhofs von 1891 feiner verteilen zu können, wurde zwischen den Stationen Wilmersdorf-Friedenau und Schöneberg (Kolonnenstraße) westlich von dem Schnittpunkt mit der Potsdamer Bahn 1895/96 ein neuer Haltepunkt hergestellt. Anstelle des zunächst vorgesehenen Namens *Maxstraße* wurde ihm – nach einem Ägyptologen und Schriftsteller – der Name *Ebersstraße* gegeben. Das eklektizistische Empfangsgebäude in rotem Ziegelmauerwerk auf der Nordseite der Ringbahn wurde nach Plänen von Klingholz errichtet; durch einen Tunnel gelangten die Reisenden zum hochgelegenen Mittelbahnsteig. Das Ansichtskartenbild zeigt den Bau in seinem Ursprungszustand.

Im Jahre 1933, mit der Errichtung des neuen Kreuzungs- und Umsteigebahnhofs zwischen der Wannseebahn und der Ringbahn in Schöneberg, wurde der alte Ringbahnhof an der Ebersstraße aufgegeben. Sein Empfangsgebäude von Klingholz wurde aber als westlicher Zugang des neuen

Ringbahnhof an der Ebersstraße, 1910

2/24. SCHÖNEBERG.

Bahnhof Ebersstraße

Ebers- straße

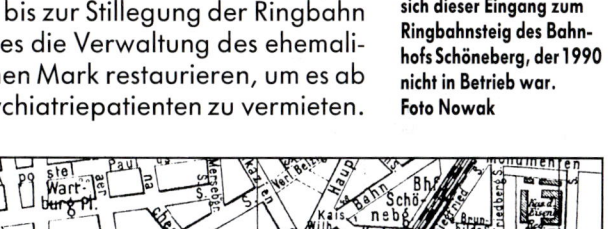

Ringbahnsteigs auch nach dieser Zeit weiter verwendet. Im Krieg ging es seines Uhrturms verlustig, doch blieb es noch bis zur Stillegung der Ringbahn im Herbst 1980 in Benutzung. Seit 1985 ließ es die Verwaltung des ehemaligen Reichsbahnvermögens für etwa 2 Millionen Mark restaurieren, um es ab 1987 als Begegnungsstätte für ehemalige Psychiatriepatienten zu vermieten.

Mit Zwischennutzungen dieser Art überbrückt die Verwaltung in mehreren Bahnhöfen die Zeit bis zur Wiederinbetriebnahme der Ringbahn. 1992 oder 1993 sollen hier wieder Reisende des S-Bahn-Südrings ein- und ausgehen. Bemerkenswert an der heutigen Aufnahme ist auch die *Entstuckisierung* des Eckhauses links.

In der Ebersstraße befindet sich dieser Eingang zum Ringbahnsteig des Bahnhofs Schöneberg, der 1990 nicht in Betrieb war.
Foto Nowak

Der Ringbahnhof Ebersstraße in Straubes Berliner Schul-Plan 1915. Hier ist auch der alte Bahnhof Schöneberg an der Siegfriedstraße dargestellt

57

Kolonnenstraße und Bahnhof Schöneberg

Den Namen *Bahnhof Schöneberg*, teilweise auch mit dem Beinamen *Colonnenstraße*, führte dieser auffallende rote Backsteinbau mit seinem neugotischen Turm von seiner Eröffnung im Jahre 1891 nur bis 1932. Er war anstelle eines kleineren Bahnhofs Schöneberg von 1881 beim endgültigen Ausbau der Südring-Spitzkehre zum Potsdamer Ringbahnhof angelegt worden. Auch die Bezeichnung *Siegfriedstraße* nach der rechts im Postkartenbild abzweigenden heutigen Czeminskistraße hat man ihm gelegentlich gegeben. Von seinem Bahnsteig aus konnte man über eine Fußgängerbrücke auch zur Station Großgörschenstraße an der Wannseebahn gelangen. Bevor 1933 der große Kreuzungsbahnhof Schöneberg von Ringbahn und Wannseebahn in Betrieb ging, wurde der hier dargestellte Bahnhof in *Kolonnenstraße* umbenannt. Der Blick geht über die Sedanbrücke (heute: Julius-Leber-Brücke) in Richtung Kaiser-Wilhelm-Platz; die Gleise liegen im Einschnitt. Nach den Bombenangriffen vom November 1943 wurde dieser Bahnhof stillgelegt.

Durch die beiden Wohn- und Geschäftshäuser mit der reklamegeschmückten Brandmauer im Hintergrund läßt sich der Aufnahmeort des neuen Bildes an der Kolonnentraße recht gut wiedererkennen. Der alte Bahnhof ist allerdings längst abgerissen, da auch die Südring-Spitzkehre und die Potsdamer Bahn an dieser Stelle nach Kriegsende nicht mehr richtig in Betrieb kamen. Nur die Wannseebahnzüge rollten noch bis 1980 und wieder seit 1985 unter der Brücke durch zum 1939 an eine neue Stelle verlegten Haltepunkt Großgörschenstraße und zum Nordsüd-Tunnel. Zur besseren Erschließung der *Schöneberger Insel* plante man 1987 mit Architekturwettbewerb einen neuen viergleisigen Bahnhof Kolonnenstraße. Damals war auch daran gedacht, die S-Bahn aus Lichtenrade vom Bahnhof Papestraße westwärts so zu verschwenken, daß sie ebenfalls über *Kolonnenstraße* und *Großgörschenstraße* weiter zum Tunnel fahren konnte, doch ist man davon wieder abgekom-

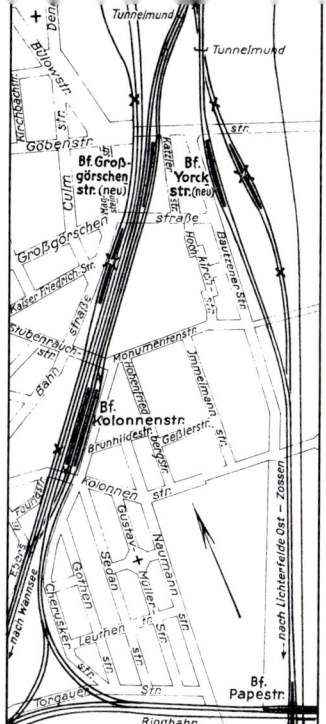

Lageplan der Bahnhöfe Kolonnenstraße, Großgörschenstraße und Yorckstraße mit den Veränderungen, die 1939 durch den Bau der Nordsüd-S-Bahn eingetreten sind

men. Nun soll eine weniger aufwendige Fassung mit zwei Gleisen für die Wannseebahn allein und ohne markante Eingangshalle gebaut werden. Der Baubeginn ist inzwischen mehrfach verschoben worden, weil die Wiederherstellung der von 1961 bis 1989 geschlossenen Stationen der S-Bahn Vorrang erhielt.

Julius-Leber-Brücke der Kolonnenstraße, 1990. Foto Nowak

59

Nördlich des Gleisdreiecks

Von einer ganzen *südlichen Berliner Eisenbahnlandschaft* läßt sich reden, wenn man die weitläufigen Gleisfächer vor dem Potsdamer und Anhalter Bahnhof betrachtet. Der junge Fotograf Willy Pragher hat eine seiner ersten Aufnahmen 1928 vom oberen Bahnsteig des Hochbahnhofs Gleisdreieck herab *geschossen* und dabei abgebildet: Rechts das Dienstgebäude der Reichsbahndirektion Berlin am Tempelhofer Ufer (Rückfront), daneben die zur Untergrundbahn sich senkende Hochbahnstrecke von der Bülowstraße nach dem Potsdamer Platz auf eisernem Viadukt, in Bildmitte auf gemauertem Unterbau ein Gleispaar der Vorortbahn vom Potsdamer Ringbahnhof nach Lichterfelde Ost mit Stromschienen, ganz links die *Südring-Spitzkehre* nach dem Potsdamer Ringbahnhof. Die beiden Dampfzüge auf diesem Gleispaar zeigen, wie der Verkehr vom Südring bis zum Potsdamer Platz in das Herz der Stadt geführt wurde. Die Arbeiter bereiten die *Elektrisierung* vor, die hier am 18. April 1929 in Betrieb gegangen ist. Mit den Triebwagenzügen ging das *Kopfmachen* flotter als mit der Dampflok.

Blick vom Bahnhof Gleisdreieck nach Norden, um 1928. Foto Pragher

Wer in diesen Tagen auf dem Hochbahnhof Gleisdreieck nordwärts blickt, kann vielfältige Veränderungen gegenüber dem ersten Bild ausmachen: Ein riesiger Erweiterungsbau der Reichsbahndirektion von 1937 beherbergte bis 1990 noch eine Poliklinik für ihre Eisenbahner im Westteil der Stadt, daneben steht die 1,6 km lange Magnetbahn-Versuchsstrecke zum Kemperplatz auf historischer Hochbahn-Trasse, in Bildmitte ein langgestrecktes Gebüsch anstelle der Vorortbahn, ganz links die längst abgeräumte Ringbahntrasse. Unter den Viadukten haben sich Autowerkstätten angesiedelt. Im Hintergrund des Bildes fehlt sozusagen der Wasserturm am Hafenplatz, doch ist entfernt das Bettenhaus der Charité neben dem Berliner Reichstag zu erkennen. Auch dieses alte Eisenbahngebiet dürfte in den kommenden Jahren stark verändert werden, wenn die U-Bahn wieder zusammenwächst und die Eisenbahn wieder einfacher über ihr Gelände verfügen kann. Nach Plänen vom Mai 1990 sollte die Magnetbahn Ende 1991 zugunsten der Untergrundbahn wieder abgebaut sein; daneben könnte der Tunnel zum *Zentralbahnhof* der Zukunft beginnen. Dessen Strecke wird entlang der *Entlastungsstraße* bis zum Lehrter Stadtbahnhof geplant und soll in Moabit wieder die Ringbahn erreichen.

Nördlich des Gleisdreiecks, 1990. Foto Nowak

Der Potsdamer Ringbahnhof

Seit dem 1. April 1891 fuhren die Dampfzüge auf dem Südring in diesen neugeschaffenen Anbau an der Ostseite des Potsdamer Bahnhofs ein, um die Reisenden möglichst nah an das Herz von Berlin heranzubringen. Zuvor hatten diese Züge den Potsdamer Fernbahnhof mitbenutzt, doch war dieser inzwischen vollkommen überlastet. Ebenfalls 1891 wurde an seiner Westseite deshalb auch noch der Wannseebahnhof angebaut, 1901 wurde der Ringbahnhof um ein Gleispaar für die Vorortstrecke nach Lichterfelde-Ost und Zossen erweitert und erhielt seine in der Fotografie gezeigte Gestalt. *Hier kommen die Berliner Angestellten an,* hieß es in einem zeitgenössischen Text dazu. Links führt eine *Privatstraße* der Staatsbahn zur Köthener Straße, deren Häuser mit der Rückfront hier zu sehen sind; etwa in Höhe der Bernburger Straße. Hinter der Mauer senkt sich die elektrische Hochbahn vom

Eingangshalle des Potsdamer Ringbahnhofs, um 1928.
Foto Landesbildstelle

Gleisdreieck zum Tunnelbahnhof am Potsdamer Platz. Rechts die Wand des Potsdamer Fernbahnhofs.

Im Bombenkrieg ist der Potsdamer Bahnhof schwer beschädigt worden, und auch der Ringbahnhof war bereits Anfang 1944 so stark in Mitleidenschaft gezogen, daß man ihn nicht mehr anfahren konnte. Nur in den ersten Wochen nach Kriegsende, als der Nordsüdbahn-Tunnel überflutet war, ließ man noch einmal eingleisig Züge von der Wannseebahn in die Station an der Köthener Straße rollen. Deren Häuser neben dem *Haus Vaterland* waren ebenfalls zerstört, und nach dem Abriß der Ruine des Potsdamer Bahnhofs um 1970 herrschte in dieser Gegend Berlins vollkommene Ödnis. Das lag auch daran, daß dieses Gelände zum Ost-Berliner Stadtbezirk Mitte gehörte und sich 1961 *vor der Mauer* befand. 1972 wurde das Gebiet an den Westen vertauscht. Erst im Zuge der Internationalen Bauausstellung wurde wenigstens die östliche Seite der Köthener Straße wieder bebaut. Für die Probestrecke der Magnetbahn entstand hier zwischen 1984 und 1987 der Haltepunkt *Bernburger Straße* von den Architekten Otto Schultz-Brauns und Sepp Wanie. Der grün-silberne Stahl-Glas-Bau erinnert an die Form der alten Hochbahnhöfe, zumal auch die M-Bahn-Strecke hier noch auf der 1961 stillgelegten Hochbahntrasse verläuft; er muß wohl abgerissen werden.

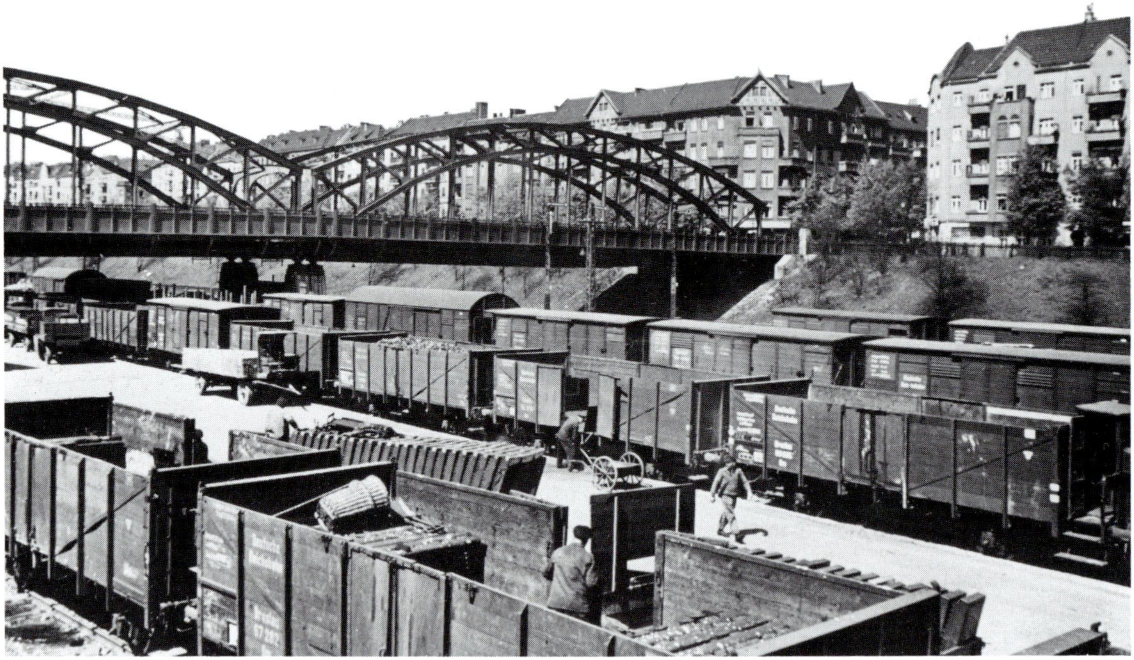

Güterbahnhof Neukölln

Güterbahnhof Neukölln, um 1935.
Foto Landesbildstelle

Die Gleisanlagen in Rixdorf, 1896

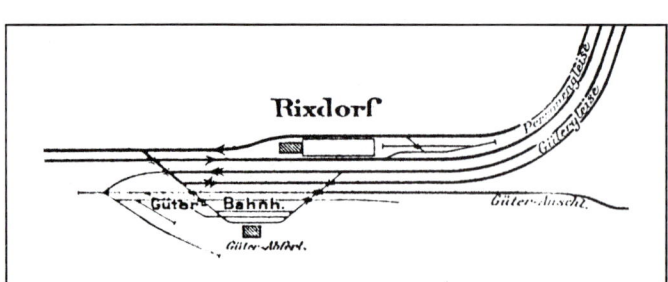

Obwohl die Bahnhöfe des Personenverkehrs mit ihren spektakulären Hochbauten im Vordergrund dieser Betrachtung stehen, soll auch der Blick auf einen Güterbahnhof nicht fehlen. Im alten Rixdorf, wie Neukölln noch bis 1912 hieß, wurde ein erster Bahnhof der Ringbahn im Jahre 1871 eröffnet. 1896 war die Ringbahn östlich von Rixdorf bereits viergleisig mit getrennten Gleispaaren für Personen- und Güterzüge ausgebaut, bald darauf auch ihr westlich von Rixdorf gelegener Teil. Bei dieser Gelegenheit hat man *die Anlagen für den Güterverkehr beträchtlich vergrößert*, gibt *Berlin und seine Eisenbahnen* an. Die Häuser der Siegfriedstraße säumen die Nordseite des Güterbahnhofs, während die Hertabrücke die Gleise überspannt. Die offenen Waggons sind mit Briketts beladen, wogegen die gedeckten Wagen für Stückgut gedacht waren. Fuhrwerke übernahmen die Frachten auf der Ladestraße und stellten sie im Bezirk zu. Das Abfertigungsgebäude mit seinen rot und gelb abgesetzten Klinkerbändern verkörperte schönste Berliner Eisenbahnarchitektur der Zeit vor 1900.

Eher im Detail als in der Gesamtanlage sind die Veränderungen zwischen 1935 und 1989 auf den Bildern festzustellen. Neue Geländer für die Hertabrücke, neue Dächer und neuer Putz für die Häuser im Hintergrund, neue Leuchten über den Ladestraßen, neue Güterwagentypen auf den Gleisen und neue Automodelle auf der Straße lassen sich allmählich entdecken. Das

Verkehrsaufkommen im Neuköllner Güterbahnhof selbst hat merklich nachgelassen. Großgüterwagen mit Kraftwerkskohle sind neben die Waggons mit Briketts und Bauholz getreten, während die Stückgüter längst an den Lastkraftwagen verlorengegangen sind. Vor der Böschung zur Siegfriedstraße liegt das Gleispaar für die S-Bahn, die in wenigen Jahren wieder fahren soll. Sie war hier im Herbst 1980 aufgegeben worden, ihre Eröffnung ist für 1994 vorgesehen.

Mannschaft der Güter-Abfertigung Rixdorf, um 1910. Foto Landesbildstelle

Der Güterbahnhof Neukölln im Sommer 1989. Foto Nowak

Am Ringbahnhof Neukölln

Zuerst ein Blick über die Bergstraße, die heutige Karl-Marx-Straße, in Neukölln: Hinter der kleinen Erfrischungshalle ist bereits der Buchstabe *N* aus dem neuen Namen der Stadt und der Station zu erkennen. 1912 hatte man das als unfein geltende *Rixdorf* abgeschüttelt und sogleich alle Schilder ausgetauscht. Einen Ringbahnhof besaß Rixdorf seit 1871. Da die Gleise anfangs zu ebener Erde lagen, war die Chaussee nach Königs Wusterhausen häufig versperrt. Für Fußgänger gab es eine hölzerne Treppe, im Volksmund als *Rixdorfer Galgen* verspottet. Zwischen 1890 und 1895 wurde hier die Ringbahnstrecke hochgelegt, und dabei baute man das spartanische Empfangsgebäude gleich im Viadukt unter den Gleisen ein. Fahrkartenschalter und eine Treppe zum Mittelbahnsteig reichten hier aus; auf dem Vorplatz standen Straßenbahnen der Südlichen Berliner Vorortbahn zur Schöneberger Hauptstraße bereit. In dem regen Strom der Passanten suchten auch die beiden Kioske ihr Auskommen.

Am Ringbahnhof
Neukölln, um 1914

Die wichtigste Veränderung an der ehemaligen Rixdorfer Ringbahnstation von 1890/95 trat ein, als die städtische Nordsüd-Untergrundbahn von der

66

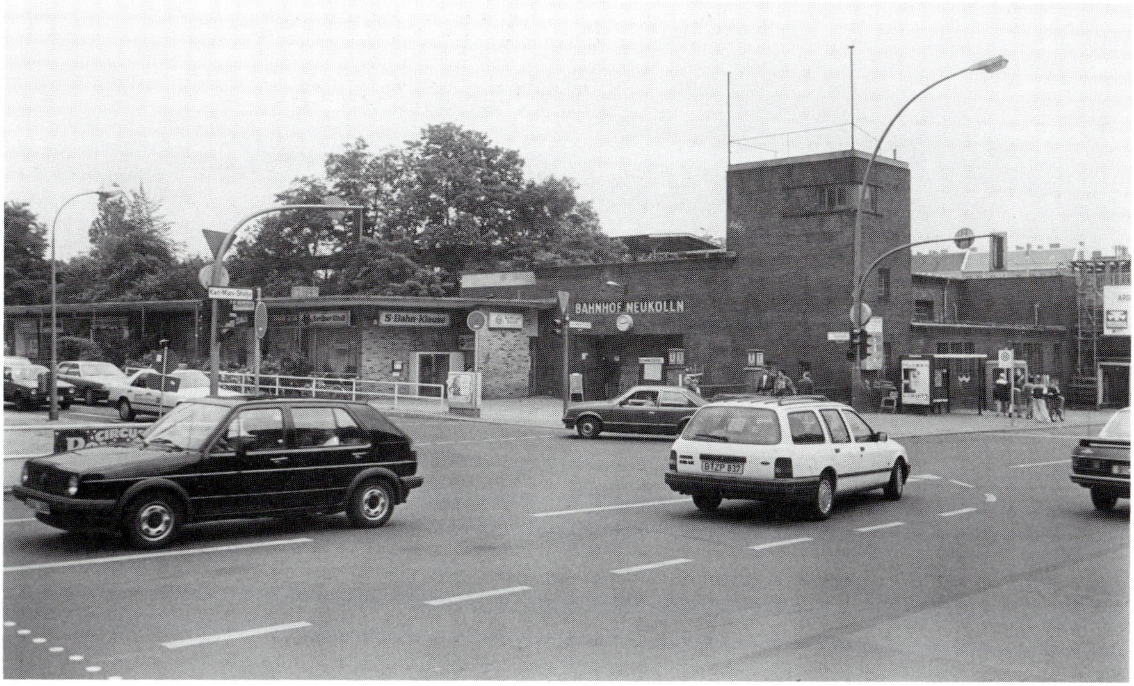

Der Bahnhof Neukölln an der Ringbahn, 1990. Foto Nowak

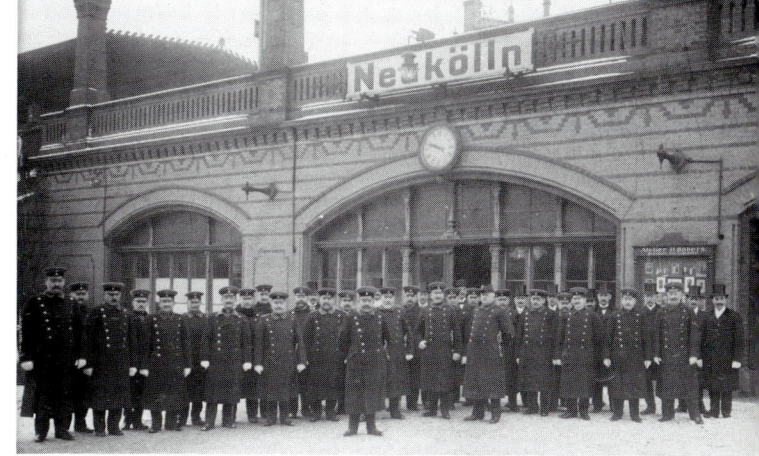

Seestraße im Wedding bis zur Grenzallee in Neukölln erbaut wurde. Ihr südlicher Abschnitt mit der Haltestelle *Neukölln (Südring)* ging am 21. Dezember 1930 in Betrieb, und zu diesem Termin war auch der Umsteigebahnhof zwischen den beiden Bahnsystemen fertiggestellt. Der neusachliche Flachbau mit dem markanten Turm ist heute noch vorhanden, wenn auch der Übergang zur Ringbahn seit deren Stillegung im Herbst 1980 derzeit nicht möglich ist. Der Entwurf stammt von dem bekannten Hochbahn-Architekten Alfred Grenander. Der Blick in dem neuen Bild geht nach Süden über die Karl-Marx-Straße, links zweigt die Saalestraße ab. Bahnhof und Südring in Neukölln werden gegenwärtig restauriert, um ab 1993 die Linie S 4 zu betreiben.

Das gesamte Personal des Neuköllner Ringbahnhofs in einem Gruppenbild vor dem Eingang, 1915

Bahnhof Schönhauser Allee der Ringbahn

In *Berlin und seine Eisenbahnen* von 1896 steht über diese Station: *Am 1. August 1879 wurde zwischen Gesundbrunnen und Weißensee, und zwar zwischen der Schönhauser und Pappelallee, der Haltepunkt Schönhauser Allee für den Personenverkehr eröffnet, der für die nahe gelegenen Ausflugsorte Pankow und Schönhausen von Bedeutung war. Er wurde im Jahre 1880 weiter ausgebaut.* Bald wurden aus den Ausflugsorten auch Berliner Mietskasernenviertel, und mit dem viergleisigen Ausbau dieses Nordringabschnitts ist 1889/90 das kleine Empfangsgebäude im akademischen Stil der Zeit entstanden. Eine Art von Uhrturm wacht über den gelben Ziegelbau. Die Strecke liegt hier tief im Einschnitt, der mit Wölbbögen gefaßt ist. Die Ansichtskarten-Reproduktion zeigt ein Bild aus der Jahrhundertwende.

Den Zweiten Weltkrieg hatte dieses Station wohl mit dem Verlust des kleinen Türmchens bezahlt, im übrigen aber leidlich überstanden. Nach dem Bau der Berliner Mauer am 13. August 1961 wurde hier die Ringbahn in Richtung

Blick über die Schön-
hauser Allee mit dem
Ringbahnhof, 1990

Gesundbrunnen unterbrochen und eine Neubaustrecke in Richtung Pankow
hergestellt, um die S-Bahn-Züge aus Oranienburg und Bernau fortan in
den Ostteil der Stadt führen zu können. Der Altbau des Empfangsgebäudes
wurde 1962/63 durch einen Neubau nach Entwürfen von Günther Wor-
litzsch ersetzt: weißgekachelter Stahl-
beton, hohe Glasfassade und gewell-
tes Pultdach. Gleichzeitig wurde ein
neuer Übergang zur Hochbahn nach
Pankow (Vinetastraße) eingerichtet,
die schon seit 1913 bis zur Station
Nordring (ab 1936: Schönhauser
Allee) verkehrte. Diese Reichsbahn-
Architektur der sechziger Jahre wird
auch durch die Neubauten in Halensee und Gesundbrunnen verkörpert;
eines Tages wird auch dieser lapi-
dare Bau zum Denkmal seiner Zeit
geworden sein. In ein paar Jahren
soll auch der Nordring wieder von S-
Bahn-Zügen befahren werden.

Zustand des Ringbahn-
hofs an der Schönhauser
Allee um 1960

69

Bahnhof Gesundbrunnen

Übersicht des Bahnhofs
Gesundbrunnen,
um 1935.
Foto Landesbildstelle

Es sind nicht viele Fotografien, die heute noch von der Vorkriegszeit des populären Bahnhofs im Bezirk Wedding berichten, so daß hier eine recht bekannte Aufnahme aus der Landesbildstelle erscheint. Die an der Ringbahn seit 1871 bestehende Station Gesundbrunnen wurde zwischen 1895 und 1897 von dem Architekten A. Wegner vollkommen umgestaltet, als die Stettiner Bahn und die Nordbahn neu formiert und über das Straßenniveau hochgelegt werden mußten. In der ersten Fotografie ganz links der Güterbahnhof, sodann auf beiden Seiten des Güterwagens die S-Bahn-Gleise des Nordrings. Der breite Bahnsteig mit den Laternen in Bildmitte diente den Fernzügen des Stettiner Bahnhofs, während der Bahnsteig ganz rechts zu den nördlichen Vorortstrecken der S-Bahn gehörte. Dort hielten die Züge nach Velten, Oranienburg und Bernau, die ab 1936 auch in den Tunnel der Nordsüd-S-Bahn eingeführt wurden.

Auch bei der aktuellen Aufnahme steht der Fotograf auf der *Millionenbrücke* im Wedding, die wegen ihrer Baukosten so hieß, und blickt westwärts in Richtung auf die Brunnenstraße mit dem Empfangsgebäude des Bahnhofs Gesundbrunnen. Unter dem Hügel daneben verbirgt sich der Flakbunker am Humboldthain. Die hölzerne Brücke über die Bahnsteige im Vordergrund der historischen Aufnahme mit dem Beinamen *Hängeboden* brannte im Zweiten Weltkrieg ab, der Eingangsbau für den Fern- und Vorortverkehr an der Badstraße war ebenfalls weitgehend zerstört und wurde 1964/65 durch einen schlichten Neubau ersetzt, obwohl Fernzüge nicht mehr verkehrten. Das läßt sich auch an der überwucherten Trasse deutlich ablesen, doch offenbar genügte der Vorortverkehr nach Frohnau und Heiligensee im Norden noch für ein solches Projekt. Ein Zug der Linie S 2 von Lichtenrade nach Frohnau verläßt soeben den Bahnhof; dagegen sind die Gleise der Ringbahn am linken Bildrand seit 1980 nicht mehr in Betrieb. Seit dem Mauerbau 1961 endeten die Ringbahnzüge im Westteil der Stadt an dieser Stelle. In einigen Jahren, so hofft man, ist auch hier neues Leben eingekehrt, und der Ringbahn-Schluß zur Schönhauser Allee wird wieder hergestellt sein.

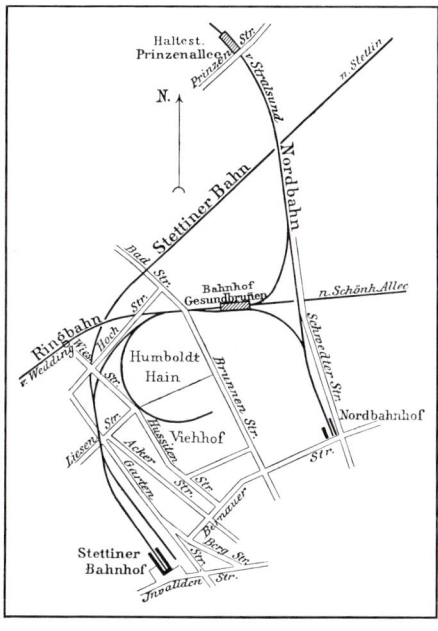

Schema der Gleisanlagen von Ringbahn, Stettiner Bahn und Nordbahn am Gesundbrunnen um die Jahrhundertwende

Bahnhof Gesundbrunnen im Sommer 1990. Foto Nowak

Fabriktor der AEG in der Brunnenstraße

Auf dem ausgedehnten Fabrikgelände für Großmaschinen und Bahnaus-
rüstung, das die Allgemeine Elektricitäts-Gesellschaft im Wedding an der
Brunnenstraße vor der Jahrhundertwende bezogen hatte, wurde 1896 ein
eigenes Portal für die *Beamten* der Firma errichtet. Der Architekt dieses Tores
war Franz Schwechten, bekannt als Schöpfer des Anhalter Bahnhofs und der
Kaiser-Wilhelm-Gedächtniskirche. Er entwarf einen Backsteinbau im nach-
empfundenen gotischen Stil, dessen kurze dicke Türme mit den durchbroche-
nen Spitzen recht eigentümlich wirken. Auf der Straße selbst ist rechts im
ersten Bild ein Pferdeomnibus der Allgemeinen Berliner Omnibus-Gesell-
schaft auf der Linie 14 zu erblicken, links dagegen eine *Bedag-Taxe.*

**Fabriktor der AEG an der
Brunnenstraße, um 1905**

Wohl ist das Tor von Schwechten noch erhalten, doch die übrigen Bauten der
AEG an der Brunnenstraße sind zumeist abgerissen worden. Die schwere

![Ehemaliges AEG-Fabriktor und heutige Nixdorf-Fabrikanlage, 1990. Foto Nowak](photo)

**Ehemaliges AEG-Fabriktor und heutige Nixdorf-Fabrikanlage, 1990.
Foto Nowak**

Krise, in der sich der Elektrokonzern am Anfang der achtziger Jahre befand, zwang zu einer Radikalkur, der eine ganze Reihe denkmalwürdiger Bauwerke auf dem Grundstück zum Opfer gefallen sind. Die Bahnabteilung der AEG befindet sich heute in einem modernen Zweckbau an der Nonnendammallee in Haselhorst, während an der Brunnenstraße ein Glaspalast der Computerfirma Nixdorf das Bild beherrscht. Im November 1986 wurde diese Produktions- und Entwicklungsstätte für kleine Rechner in Betrieb genommen. Den Bau hat die konzerneigene *Nixdorf-Infratec* errichtet, die keinen Architekten nennt. Das alte Tor, ohne die historische Inschrift auf den Ziegeln und ohne die flankierenden schmiedeeisernen Zäune, wirkt etwas verloren vor der kalten Pracht.

Auf dem Gelände der ehemaligen Lagerhof-Gesellschaft an der Brunnenstraße wurden 1896/97 die Maschinenfabrik und der Lokomotivbau der AEG eingerichtet. Zur Fabrik Ackerstraße hat sie eine Tunnelbahn angelegt. Skizze AEG

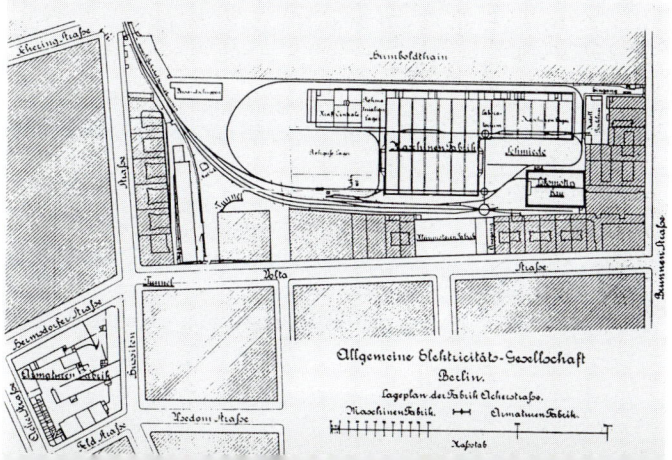

Bahnhof Siemensstadt

Die *Siemensbahn* von der Ringbahnstation Jungfernheide über die Bahnhöfe Wernerwerk und Siemensstadt nach Gartenfeld ist ab 1927 von der Siemens-Bauunion in Abstimmung mit der Reichsbahn für den Arbeiterverkehr des Elektrokonzerns errichtet worden; sie wurde am 18. Dezember 1929 eröffnet. Zunächst war an einen Weiterbau bis Tegel-Nord und Hennigsdorf gedacht, doch fehlte dazu später das Geld. Die 4,5 km lange Strecke verläuft überwiegend auf einem Damm und auf Stahlbrücken. Die Bahnhofsbauten hat der Hausarchitekt Hans Hertlein von Siemens geschaffen, von dem auch der Entwurf des Schaltwerkhochhauses an der Nonnendammallee im Hintergrund der alten Fotografie stammt. Das Bild zeigt Probefahrten mit einem elektrischen S-Bahn-Zug im Dezember 1929 in Anwesenheit der Firmenspitze. Die für 15 Millionen Reichsmark erbaute Strecke wurde der Reichsbahn gegen Zahlung von 3 Millionen Mark zur Verfügung gestellt.

Nach dem Streik der Reichsbahner in West-Berlin wurde der S-Bahn-Betrieb auf vielen Strecken mit Wirkung vom 28. September 1980 eingestellt, so auch auf der Siemensbahn zwischen Jungfernheide und Gartenfeld. Zum allmählichen Niedergang dieser Route hatte neben der zunehmenden Motorisierung der Siemens-Arbeiter auch der Bau der Untergrundbahn bis Rohrdamm (1980) und Rathaus Spandau (1984) beigetragen. Weil man von der Wiederinbetriebnahme der Siemensbahn einen unfruchtbaren Parallelverkehr mit der U-Bahn befürchtete, hatte der Senat von Berlin diese S-Bahn-Strecke in sein Zukunftskonzept von 1989 nicht mehr aufgenommen. Von mannshoher zehnjähriger Vegetation überwuchert, präsentiert sich der Bahnhof heute im Dornröschenschlaf. Vorläufig ist aber an einen – kostspieligen – Abbau der Viadukte nicht gedacht; der Landeskonservator prüft die Schutzwürdigkeit der Anlage. Ihr Baustil der Neuen Sachlichkeit macht sie denkmalverdächtig. Nach dem Fall der Mauer entschlossen sich die Planer, diese Trasse weiterhin freizuhalten. Vielleicht bringt Berlins Wandel auch hier neues Leben?

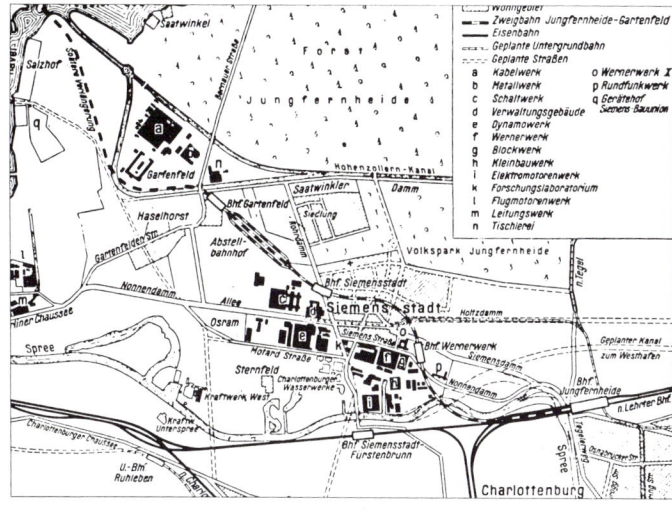

Der überwucherte Bahnhof Siemensstadt, 1990. Foto Nowak

Fabriktor der Borsig-Werke in Tegel

Die bekannte Berliner Lokomotivfabrik Borsig, ursprünglich an der Chaussee-straße vor dem Oranienburger Tor und mit einem Eisenwerk auch in Moabit ansässig, bezog 1898 ein neues großzügiges Gelände an der Berliner Straße in Tegel. Die alten Grundstücke waren zu klein geworden und lagen mittler-weile so nahe am Stadtkern, daß sie für die Industrie zu wertvoll und zu teuer waren. Zu der neuen Fabrik in Tegel bauten die Architekten Konrad Reimer und Friedrich Körte noch 1898 ein repräsentatives Portal im Burgenstil: dicke runde Wachtürme mit Skulpturenschmuck säumen den zinnengeschmückten Torbogen. Es mag sein, daß sie nach dem AEG-Fabriktor von Schwechten geschielt haben, als sie ihren Entwurf gemacht haben. Jedenfalls wurde dieser Torbogen zur beliebten Kulisse für viele Werbefotos von Borsig-Lokomotiven, so auch hinter der Jubiläumsmaschine mit der Fabriknummer 12 000: Dampflokomotive 01008 der Deutschen Reichsbahn, abgeliefert am 8. Dezember 1925.

Vor dem Fabriktor von Borsig in Tegel, 1925

Die Unternehmensgeschichte von Borsig ist zu vielfältig, um sie hier in allen Einzelheiten darzustellen. 1930 hat man den Lokomotivbau an die AEG verkauft, 1933 wurde das gesamte Werk in Tegel von Rheinmetall übernommen. Nach dem Kriege gehörte Borsig als Kessel- und Armaturenhersteller zur Oberhausener Babcock-Gruppe. Auch hier zwangen Strukturprobleme dazu, weite Teile des Grundstücks zu verkaufen; auf dem Restgelände wird konzentriert produziert. Der notwendige Denkmalschutz für einen großen Teil der Bauwerke gibt dem Gelände eine besondere Zukunft. Neben dem Borsig-Tor steht anstelle der früheren *Markenhalle* ein Empfangsbau mit Schaufenstern, dahinter das Verwaltungsgebäude von 1898. In den Bildern ist hinter dem Tor der *Borsig-Turm* zu erkennen, ein 1924 entstandenes Bürohochhaus nach Plänen von Eugen Schmohl, das als *erstes Hochhaus in Berlin* betrachtet wird.

Das Borsig-Fabriktor im Sommer 1990.
Foto Nowak

Fabriktor und Hochhaus von Borsig schmückten auch den Titel der *Borsig-Zeitung* aus den zwanziger Jahren

BORSIG · ZEITUNG

Herausgegeben für die Werkangehörigen von A. BORSIG G·m·b·H, BERLIN-TEGEL

| 6. Jahrg. 1929 | Verantwortlicher Schriftleiter: Dr. Alfred Striemer | Nr. 7/8 |

Erscheint in freier Folge. Anfragen und Einsendungen nach Zimmer 107, Hausapparat Nr. 207
Nachdruck der Beiträge ohne Genehmigung der Schriftleitung nicht gestattet
Doppelheft 60 Pf., Jahresabonnement Mk. 3,—

Entlang der
Berliner Wannseebahn

Auf die Rundfahrt über die Ringbahn von Berlin soll der Besuch einer typischen Vorortstrecke folgen, und dazu bietet sich die sogenannte Wannseebahn vom Potsdamer Bahnhof in den Südwesten der Großstadt besonders an. Auf ihren Gleisen neben der ersten preußischen Eisenbahnlinie wurden nämlich viele neue Bauten, Betriebsformen und Tarife erprobt oder erstmals angewandt, die bald darauf als mustergültig auch auf andere Strecken übertragen werden konnten.

Der Kenner unterscheidet zwei Teile der Gesamtstrecke, nämlich die *alte* und die *neue* Wannseebahn. Erstgenannte wurde als Abzweig der seit 1838 bestehenden *Stammbahn* von Berlin nach Potsdam zur Erschließung des Schlachtensees und des Wannsees mit den neuen Wohnkolonien Düppel und Alsen im Jahre 1869 in Angriff genommen. Sie beginnt in Zehlendorf und verläuft in einem nördlichen Bogen bis Kohlhasenbrück (später Neubabelsberg, dann Griebnitzsee genannt); eröffnet am 1. Juni 1874. Der damals schon geplante Bau eines zweiten Gleispaares für den Ortsverkehr auch zwischen Zehlendorf und dem Potsdamer Bahnhof von Berlin sowie zwischen Kohlhasenbrück und dem Bahnhof von Potsdam, womit durchgängig vier Gleise für den Verkehr zwischen Berlin und Potsdam gelegen hätten, wurde erst nach der Verstaatlichung der Potsdamer Bahn durchgeführt und am 1. Oktober 1891 fertiggestellt. In Berlin wurde dazu der *Wannseebahnhof* an der Westseite des Potsdamer Fernbahnhofs neu eröffnet. Alle bisherigen Personenstationen der Stammbahn Berlin–Potsdam gingen ein und wurden durch überdachte, 76 Zentimeter hohe Mittelbahnsteige an dem neuen Gleispaar mit schienenfreiem Zugang ersetzt, so daß man nun von einer *neuen Wannseebahn* unter Mitbenutzung der älteren sprechen konnte. Am gleichen Tag trat auch der ermäßigte Tarif für den Berliner Vorortverkehr in Kraft, durch den der Erfolg der beliebten neuen Strecke noch vermehrt wurde.

Wie schon gesagt, hat sich die Eisenbahn bei der Anlage getrennter Gleise und weiterer Stationen für den Vorortverkehr an den anderen Bahnlinien Berlins fortan meist an das Beispiel der Wannseebahn gehalten. Eine Besonderheit soll nicht unerwähnt bleiben, nämlich die Einrichtung der *Bankierzüge*, die von Wannsee über Schlachtensee herankamen und in Zehlendorf auf die Stammbahngleise wechselten, um so ohne Halt bis zum Potsdamer Fernbahnhof durchzufahren. Sie boten den Bewohnern der Villenvororte ab Ende 1907 eine beschleunigte Verbindung mit der Stadtmitte und zurück.

Nur noch wenige Züge der Wannseebahn liefen zu dieser Zeit über Wannsee hinaus nach Potsdam, weil dieser Ort mit Zügen von der Stadtbahn (seit 11. Juni 1928 im elektrischen Betrieb) schneller erreicht werden konnte. Die Elektrifizierung der Gleise vom Berliner Wannseebahnhof bis nach Wannsee erfolgte erst am 15. Mai 1933. Bei dieser Gelegenheit wurden mehrere Bahnhöfe neu angelegt; zugleich baute man auch an die Stammbahn zwischen dem Potsdamer Fernbahnhof und Zehlendorf (Mitte) für die elektrischen *Bankierzüge* Stromschienen an. Mit neuem Wagenmaterial waren sie ab 1936 sogar 120 km/h schnell. Als am 9. Oktober 1939 der Nordsüd-Tunnel vollständig in Betrieb genommen werden konnte, liefen die Wannseebahnzüge durch ihn von Wannsee bis nach Oranienburg. Ab 1950 fuhren sie im Süden sogar bis Stahnsdorf auf der *Friedhofsbahn* durch, ehe der Mauerbau am 13. August 1961 den Zuglauf auf die Strecke zwischen Frohnau und Wannsee beschränkte. Am 28. September 1980 stellte die Reichsbahn den Betrieb von Wannsee zum Anhalter Tunnelbahnhof ein und ließ seitdem ihre Züge aus Lichtenrade nach Frohnau fahren. Am 1. Februar 1985 eröffnete die BVG den S-Bahn-Betrieb zwischen Wannsee und dem Anhalter Bahnhof als Linie S 1 wieder.

Netzplan der Berliner S-Bahn nach dem Bau der Mauer und nach der Bildung eines Inselbetriebes in West-Berlin, gedruckt 1973

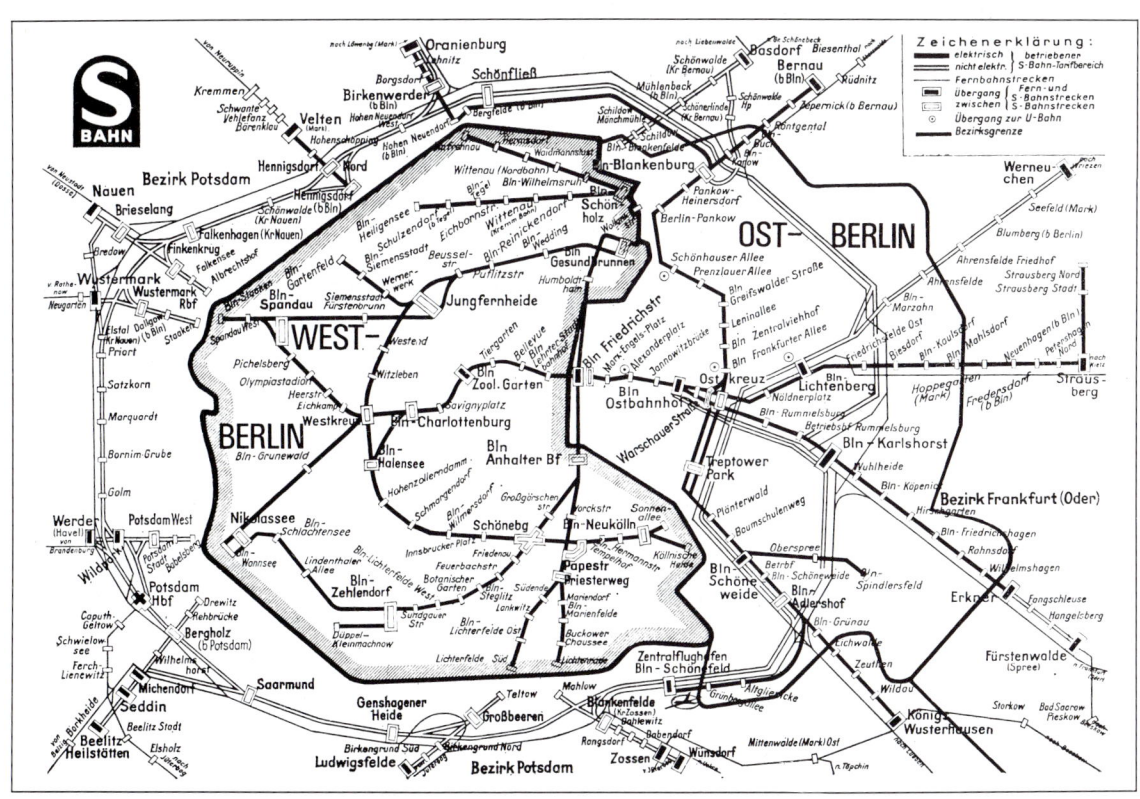

Am Bahnhof Friedenau

Mit den Worten *Zwischen Berlin und Steglitz* wurde am 1. November 1874 ein neuer Haltepunkt für den Personenverkehr der Kolonie Friedenau errichtet, die im Jahre 1871 auf dem von dem Rittergutsbesitzer Carstenn zu mäßigen Preisen zur Verfügung gestellten Gelände gegründet worden war, führt das Standardwerk *Berlin und seine Eisenbahnen* von 1896 diesen Bahnhof vor. Die Bauten für diese Station blieben bescheiden; ein kleiner Holzfachwerkbau leistete hier jahrzehntelang gute Dienste. Als 1891 die *neue Wannseebahn* vom Potsdamer Bahnhof in Berlin bis Zehlendorf für den Ortsverkehr neben der alten *Stammbahn* nach Potsdam entstand, baute man den im ersten Bild gezeigten Bahnsteig mit den typischen gußeisernen Doppelstützen und dem *Gewächshaus* über der Treppe zum Fußgängertunnel auf. Neben den Gleispaaren für Wannseebahn und Stammbahn liegt hier vorn ein Gütergleis der Potsdamer Bahn bei den Lagerplätzen, dahinter sind die Häuser der Sponholzstraße zu erkennen.

Viele Bäume und eine Stadtautobahn verdecken einen großen Teil der Bauten an der Wannseebahn in Friedenau, denen das neue Bild auf der

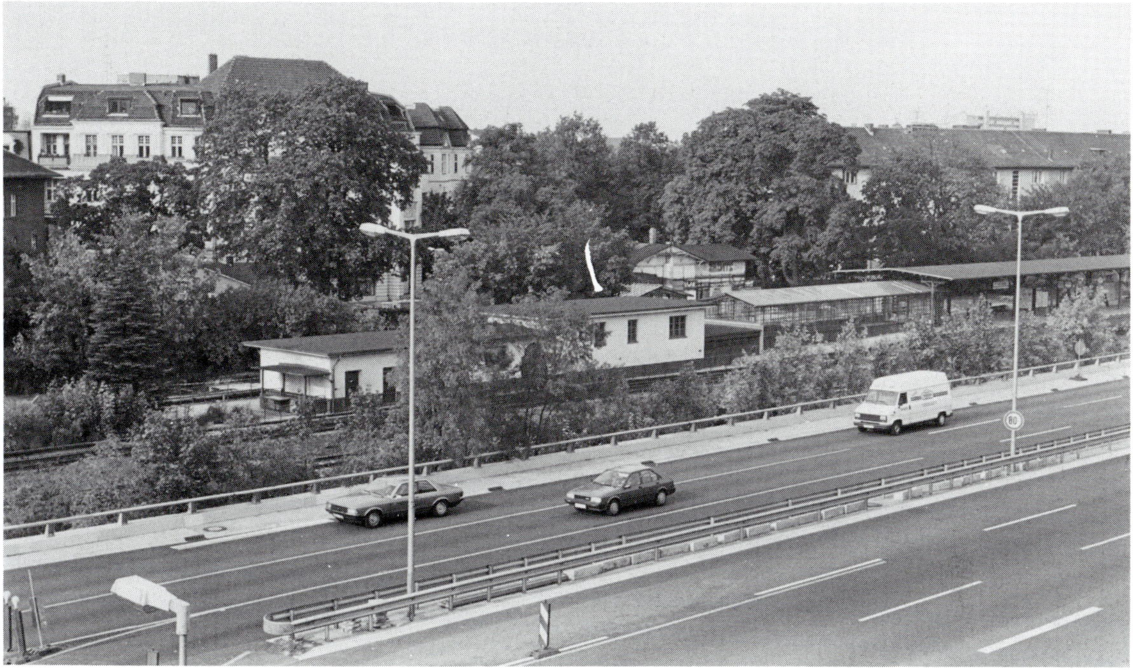

Spur ist. Noch immer sind aber das Bahnsteigdach von 1891 und das Treppenhaus gut zu erkennen; sogar das Empfangsgebäude von 1874 ist mit anderer Nutzung bis zum heutigen Tag erhalten. Bei näherem Hinsehen ist es hinter dem *Gewächshaus* der Bahnsteigtreppe zu erkennen. Die *Westtangente* genannte Autobahn ist auf den ehemaligen Lagerplätzen zwischen 1962 und 1965 eingerichtet worden. Im Herbst 1980 war die Wannseebahnstrecke der Berliner S-Bahn stillgelegt worden, doch brachte sie die BVG nach der Übernahme der Strecke Anfang 1984 bis zum 1. Februar 1985 wieder in Fahrt. Der Personenverkehr auf den Fernbahngleisen ruht schon seit dem Kriegsende, denn seitdem ist der Potsdamer Fernbahnhof von Berlin nicht mehr benutzbar gewesen.

Wannseebahn und Stadtautobahn am Bahnhof Friedenau, 1989. Foto Nowak

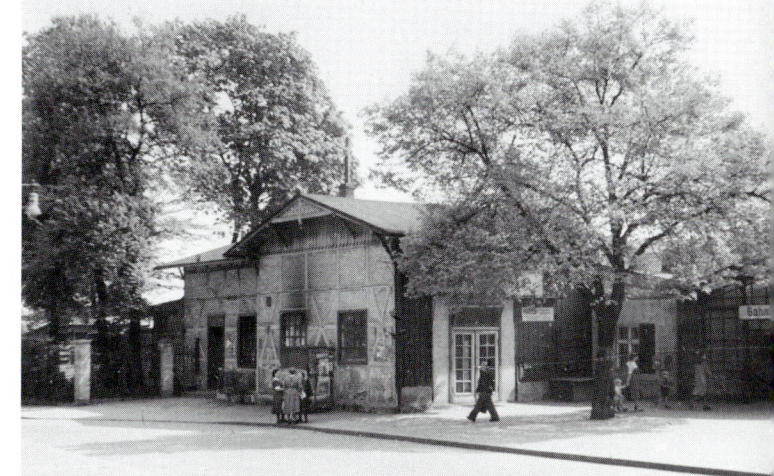

Das alte Empfangsgebäude in Friedenau ist neben dem heutigen Eingang noch vorhanden; Aufnahme vom Mai 1952. Foto Lochmann

Bahnhof Zehlendorf-Mitte

In Zehlendorf hielten die Züge der Potsdamer Eisenbahn seit der Eröffnung dieser Strecke im Jahre 1838. Das erste Stationsgebäude wurde 1866 durch einen Fachwerkbau ersetzt. Ein vollständiger Umbau der Gleise und die Errichtung eines neuen Empfangsgebäudes am heutigen Teltower Damm nördlich der Strecke wurde 1891 mit der Schaffung der jüngeren Wannseebahn vorgenommen. Die Straße wurde unter die Bahngleise abgesenkt, da eine Hochlegung der Stammbahn und der Wannseebahn an dieser Stelle viel aufwendiger gewesen wäre. Ab 1910 wurde der Zehlendorfer Bahnhof erweitert und 1912 mit einem zweiten Zugang von der Südseite her versehen. Der elektrische S-Bahn-Betrieb begann am 15. Mai 1933. Das Delikatessengeschäft im ersten Bild ist in der früheren Schalterhalle untergebracht; auf der Brücke steht ein Wannseebahnzug.

Der gelbliche Klinkerbau nördlich der Unterführung des Teltower Damms in Zehlendorf wurde bereits 1943 bei einem Luftangriff zerstört, so daß die Reichsbahn noch im Krieg mit einem flachen *Ersatzbau* begann. Er wurde in

Bahnhof Zehlendorf-Mitte, um 1936

der Mitte der sechziger Jahre modernisiert, schließlich aber nach der Übernahme der West-Berliner S-Bahn durch die BVG abgerissen. Den Bahnsteig-
tunnel hat man in eine Fußgängerpassage umgewandelt und ihr ein Portal in
rotem Klinker mit dekorativem Turm vorgesetzt, dessen Gestaltung sich an
der Form des Südportals von 1912 orientiert. Daneben hat man ein flaches
Gewerbegebäude für ein Reisebüro aufgestellt. Seit dem 1. Februar 1985

**Am Bahnhof Zehlendorf
im Sommer 1990.
Foto Nowak**

fahren hier wieder Wannseebahnzüge, nachdem Ende September 1980
mit dem Reichsbahner-Streik sowohl
diese Züge als auch die 1948 einge-
richteten Pendelzüge nach Düppel
auf der alten Stammbahn gestrichen
worden waren.

**Aus diesem Plan der Bahnen im Berliner
Südwesten von 1910 läßt sich der Verlauf der älteren
und der neuen Wannseebahn entnehmen**

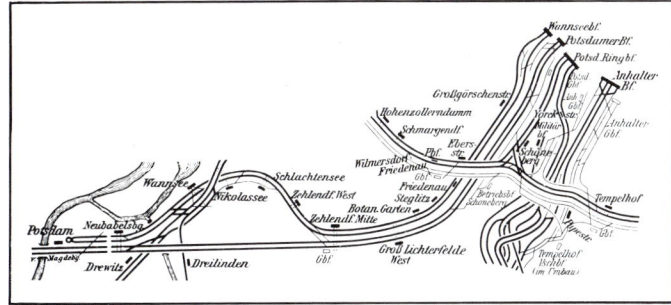

Brücke am Bahnhof
Zehlendorf-West,
um 1930.
Foto Landesbildstelle

Bahnhof Zehlendorf-West

An der Wannseebahnstrecke von 1874/1891 wurden auch nach der Jahrhundertwende noch einige Haltestellen auf Wunsch und auf Kosten der Grundstücksgesellschaften angelegt, um das Gebiet im Berliner Südwesten besser vermarkten zu können. Die damalige *Zehlendorf West Terraingesellschaft* des schlesischen Fürsten Henckel von Donnersmarck übernahm hier den Bau und die Betriebskosten für vier Jahre: Zu den schönsten Berliner Bahnhöfen zählt der im Jugendstil errichtete Bau an der Zehlendorfer Beerenstraße, den die Architekten Gustav Hart und Alfred Lesser geschaffen haben. Bald darauf entstanden in ihrem Büro auch die Pläne zum Vorortbahnhof in der Gartenstadt Frohnau. Die Station in Zehlendorf wurde am 1. November 1904 eröffnet; schlesischer Kalkstein und Cottaer Sandstein beherrschen die Fassade. Das ausdrucksvoll geschwungene Dach und der elliptische Turm machen das Bauwerk, das wie eine Kirche an einem Marktplatz steht, unverwechselbar.

Rechts oben:
Nur leichte Schäden
waren an diesem Bahnhof
nach dem Krieg
festzustellen

84

Ihren Namen hat diese Bahnstation mehrfach gewechselt: Anfangs hieß sie noch *Zehlendorf Beerenstraße*, hierauf bis etwa 1959 *Zehlendorf West*, ehe die Reichsbahn sie *Lindenthaler Allee* nannte. Seitdem der davorliegende Platz mit den angrenzenden Landhäusern zum Stadtjubiläum 1987 wiederhergestellt worden ist, heißt der Bahnhof *Mexikoplatz*. Den Krieg hatte das Bauwerk gut überstanden, doch wurde der als unnütz angesehene Turm mit seiner

schönen Wetterfahne in Form einer Dampflokomotive schon 1959 abgetragen. In den siebziger Jahren wurde der Bahnhof renoviert, sodann 1985/86 für den S-Bahn-Betrieb der BVG auf der Wannseebahn nochmals grundlegend erneuert. In den Aufnahmen geht der Blick von der etwas abgesenkten Lindenthaler Allee schräg nach oben auf die westliche Front des Gebäudes.

Brücke am Bahnhof Mexikoplatz, 1990. Foto Nowak

Der alte Bahnhof
Schlachtensee, um 1936

Der erste Bahnhof von
Schlachtensee im Oktober
1954. Foto Lochmann

Bahnhof Schlachtensee

Die aufstrebende Villenkolonie im südlichen Grunewald sollte 1873/74 mit dem Bau der *Wannseebahn* besser erschlossen und aufgewertet werden. Das damals errichtete Empfangsgebäude mit seinem schönen Uhrturm und den romantischen Rundbogenfenstern hat von dem Architektur-Historiker Goerd Peschken den Beinamen einer *Belvedere-Villa* bekommen. Als die Staatsbahn um 1890 die Strecke zweigleisig ausbaute und hochlegte, wurde auch in Schlachtensee ein anderer Zugang an der Breisgauer Straße eingerichtet. An Details auf dem ersten Lichtbild läßt sich erkennen, daß die Unterhaltung des eigentlich etwas zu groß geratenen Bauwerks schon vor fünf Jahrzehnten einige Mühe machte. Bereits seit der

Jahrhundertwende war es nur noch als Gaststätte und Wohnhaus in Gebrauch. Doch was ist aus dieser reizenden *Villa* bis heute geworden?

Ruhig ging die Geschichte dieses Bahnhofs an der *alten* Wannseebahn dahin. Das schöne Türmchen wurde, weil sich niemand um seine Dachhaut kümmern mochte, in den sechziger Jahren kurzerhand gekappt; schwach ist es hinter dem Hauptgebäude in dem neuen Bild noch zu erkennen. Dabei zeigt sich, daß solche funktionslosen *Aussichtstürme* oder *Uhrtürme* an technischen Bauwerken einen schweren Stand haben. Der Bau war zunächst von den Wiederherstellungsarbeiten an der Wannseebahn 1984/85 nicht betroffen. Auch bei der schließlich 1988 ausgeführten Renovierung des Bahnhofsgebäudes hat man sich nicht zu einer Wiederherstellung des Turms entschließen können. Keine Spur auch mehr von dem liebevoll gestalteten Ziergespärr am Dach oder von seinen beiden Kaminen: Hier hat der Rotstift energisch regiert und ein zu kleines Dach diktiert.

Der nicht mehr für Bahnzwecke genutzte Schlachtensee-Bahnhof im Sommer 1990. Foto Nowak

Untergrundbahnhof Dahlem-Dorf

Bahnsteig am Untergrundbahnhof Dahlem-Dorf, um 1928. Foto Grünwald

Eine große Konkurrenz für die dampfbetriebene Wannseestrecke der Reichsbahn entstand im Berliner Südwesten mit dem Bau der elektrischen *Wilmersdorf-Dahlemer Schnellbahn,* die viele Fahrgäste an sich ziehen konnte. Diese reizvolle Station, deren Fachwerkbau mit dem reetgedeckten Dach ganz bewußt an ein niedersächsisches Bauernhaus erinnert, sollte sich mit ihrem *ländlichen* Stil der Umgebung in dem Villenvorort anpassen. Der Entwurf der Architekten Friedrich und Wilhelm Hennings durfte in dem Quartier und auf dem Boden der staatlichen Domäne Dahlem nicht erkennen lassen, daß es sich um einen technischen Zweckbau handelte. Kaiser Wilhelm II. nahm persönlich Einfluß auf die Gestaltung des Bauwerks. Die *Dahlemer Einschnittbahn* als Verlängerung der Wilmersdorfer Strecke vom Wittenbergplatz zum Breitenbachplatz ist am 9. Oktober 1913 bis zum Bahnhof Thielplatz in Betrieb genommen worden.

Als die erste Aufnahme mit dem Triebwagen 214 entstand, war der Thielplatz noch Endstation. Die Verlängerung der Dahlemer Bahn bis nach Zeh-

lendorf wurde erst am 22. Dezember 1929 eröffnet; der weitere Ausbau bis nach Düppel erfolgte nicht mehr. Obwohl das Bild im Winter aufgenommen worden ist und deshalb alle Bäume grundsätzlich sehr mager erscheinen läßt, fällt an der aktuellen Aufnahme im Vergleich dazu die Zunahme des Bewuchses besonders auf. Runde sechzig Jahre liegen dazwischen, die der U-Bahnhof in Dahlem dank liebevoller Pflege und Renovierung ausgesprochen gut überstanden hat. Selbst die leicht verspielte Kante des Bahnsteigdaches ist noch sichtbar. Sehenswert an diesem Bauwerk ist noch heute die Innenausstattung mit unregelmäßig glasierten Kacheln und rustikalen Schnitzarbeiten. Ein kleiner, schön gestalteter Vorplatz am Ausgang zur Königin-Luise-Straße unterstreicht den ländlichen Charakter der Station. Im Führerstand des Wagens 778 auf dem Weg zur Krummen Lanke sitzt eine Fahrerin.

Straßenseite des Untergrundbahnhofs Dahlem-Dorf in den dreißiger Jahren

Der Untergrundbahnhof Dahlem-Dorf im Sommer 1989. Foto Nowak

Bahnhof Wannsee

Der erste Bahnhof in Wannsee wurde 1874 mit der alten Wannseebahn von Zehlendorf nach Neubabelsberg angelegt, ihm gegenüber die Station *Dreilinden* für die Wetzlarer Bahn 1879. In den Jahren 1890/91 wurden die Gleisanlagen beider Bahnhöfe neugestaltet; das Empfangsgebäude der früheren Berlin-Potsdam-Magdeburger Eisenbahn war noch bis 1926 hier in Gebrauch. Der Neubau im expressionistischen Stil von Richard Brademann wurde 1927 im Zusammenhang mit der Stadtbahn-Elektrifizierung errichtet. Die achteckige Empfangshalle mit ihren Oberlichtern sowie die spitzen Tor- und Fensterausschnitte geben dem Bau eine eigentümliche Ausstrahlung. Geschickt wurde der Bau auch dem als Naturdenkmal geschützten Baumbestand in diesem Ausflugsgebiet eingefügt. Er wurde am 1. April 1928 eröffnet, und auch die Gleise wurden damals grundlegend umgebaut: An zwei Bahnsteigen konnten nun Wannseebahn- und Stadtbahnzüge im Richtungsverkehr abgefertigt werden, außerdem war ein Bahnsteig für den Fern- und Vorortverkehr vorhanden.

Vorplatz des Bahnhofs Wannsee, um 1950

Am Bahnhof Wannsee
im Sommer 1990.
Foto Nowak

Den Krieg hatte der Bahnhof in Wannsee unbeschädigt überstanden, doch versank er spätestens mit dem Bau der Berliner Mauer 1961 in die Bedeutungslosigkeit, als die von hier ausgehenden Strecken in das Umland nach Potsdam, Beelitz und Stahnsdorf gekappt wurden. Durch den S-Bahn-Boykott ging auch die Zahl der Ausflügler, für die einst elf Fahrkartenschalter (vier für den Regelverkehr, sieben für den Sonntagsverkehr) eingebaut worden waren, drastisch zurück. Hier enden seitdem die Züge von der Stadtbahn und von der Wannseebahn, wobei letztere zwischen 1980 und 1985 ganz stillgelegt war. Der Fernverkehr, 1969 mit Autoreisezügen wieder aufgenommen, erhielt durch das Verkehrsabkommen zwischen beiden deutschen Staaten 1976 wieder Aufwind, denn seitdem wurde Wannsee als zweiter Fernbahnhof im Westteil Berlins benutzt. Auffällig die *Neugestaltung* des Vorplatzes. Seit Dezember 1989 verkehrte wieder ein Pendelzug mit Diesellok auf den Ferngleisen zwischen Potsdam und Wannsee, und in ein bis zwei Jahren wird man mit der S-Bahn auch wieder bis nach Potsdam durchfahren können.

Das *Stielstellwerk*
in Wannsee, um 1933

Stellwerk in Wannsee

Anläßlich der *Elektrisierung* der Berliner Stadtbahn, wie man damals sagte, wurden auch die Signalanlagen auf den modernen selbsttätigen Blockbetrieb umgestellt, da er eine dichtere Zugfolge ermöglichte. Neubauten für viele Stellwerke wurden 1927/28 ausgeführt, so auch dieser bekannte Turmbau *Wsk* zur Bedienung der nördlichen Kehranlage in Wannsee und der Strecke nach Nikolassee als Hauptstellwerk. Zur gleichen Zeit wurde in Wannsee auch ein Reiterstellwerk *Ws* an der Ausfahrt in Richtung Potsdam errichtet. Den architektonischen Entwurf hat abermals Richard Brademann, langjähriger Hochbaudezernent der Reichsbahndirektion Berlin, besorgt. Viel klarer läßt sich der Begriff *Neue Sachlichkeit* im Bauwesen kaum ausdrücken, und so ist dieses mustergültige Stielstellwerk auch im Jubiläumsband *100 Jahre deutsche Eisenbahnen* von 1935/1938 abgebildet worden.

Nur bescheidene Veränderungen am Äußeren des Stellwerks *Wsk* sind in dem aktuellen Bild auszumachen. Seit Anfang 1984 gehört es, da die Betriebsführung der S-Bahn in Berlin (West) auf eine vom Senat bestimmte Stelle übergegangen ist, zur BVG. Seitdem sind in Wannsee das Betriebswagenwerk von 1932 erweitert und viele Gleisanlagen sowie die Bahnsteige aufgearbeitet worden. Betrachtet man das Brademann-Stellwerk aus der Nähe, dann fällt die stilgerechte Erneuerung des verbrauchten Schornsteins auf; dagegen ist die Tür von heute unter einem jüngeren Vordach nicht so sorgfältig ausgesucht worden. Außerdem wird der Anblick vom Bahnsteig her dadurch geschmälert, daß vor dem Stellwerk für weitere Signaltechnik ein Fertigbau-Container aufgestellt worden ist. Seit 1987 plant der Senat den Bau eines neuen Regional-Stellwerks in Wannsee. Der S-Bahn-Zug verläßt den Bahnhof in Richtung Frohnau über die Wannseebahn; dabei handelt es sich um den Prototypzug 480 003 der neuen West-Berliner Bauart von 1987. Die Linie S 1 endet üblicherweise am Anhalter Bahnhof, wurde ab 27. Mai 1990 für eine Weile wegen Bauarbeiten auf der Linie S 2 bis in den Norden durchgeführt.

Stellwerk Wsk in Wannsee, 1990. Foto Nowak

Die Berliner Hoch- und Untergrundbahn

Was wäre der *Berliner Verkehr* ohne das dichte Netz der Hoch- und Untergrundbahnen mit seinen mittlerweile bald 150 Stationen in beiden Teilen der Stadt? Auf zehn Linien rollen die Züge in dichtem Fahrplan und bringen bei Tag und Nacht die Menschen zur Arbeit, zum Einkauf und zum Vergnügen an ihre Ziele. Seit dem Fall der Berliner Mauer im Herbst 1989 hat die Zahl der Reisenden sprunghaft zugenommen, und viele nach dem 13. August 1961 geschlossene Bahnhöfe sind seitdem wieder eröffnet worden.

Es gab schon eine lange Vorgeschichte, ehe sich am 18. Februar 1902 die ersten Hochbahnzüge vom Stralauer Tor über das Gleisdreieck zum Potsdamer Platz in Bewegung sezten konnten: 1879 hatte Werner Siemens auf der Berliner Gewerbeausstellung die erste elektrische Bahn gezeigt und daraufhin 1880 eine *Pfeilerbahn* in der Friedrichstraße projektiert, danach auch einige elektrische Straßenbahn gebaut, doch es dauerte noch bis 1896/97, ehe die *Hochbahngesellschaft* mit dem Bau iher ersten Strecke beginnen konnte. Als Viaduktbahn sollte sie von der Warschauer Brücke im Osten bis zum Zoologischen Garten im Westen durch die damals noch selbständigen Städte Berlin, Schöneberg und Charlottenburg verlaufen. Wegen mancher Bedenken, ob die Hochbahn rund um die Kaiser-Wilhelm-Gedächtniskirche nicht stören würde, mußte die Bahn westlich des Nollendorfplatzes in einem Tunnel verlegt werden.

Da die Bahnhöfe der ersten Hochbahnstrecke mit besonderem Aufwand und großem Stilgefühl angelegt worden sind, sollen sie allein zum Gegenstand dieses Kapitels gemacht werden. Viele andere architektonische Kostbarkeiten gibt es an den übrigen Strecken auch zu betrachten und zu vergleichen, doch reicht dazu der Platz hier nicht aus. Die Fülle der historischen Aufnahmen von dieser ersten Strecke ist überwältigend, haben doch viele Fotografen der Jahrhundertwende das sensationelle neue Verkehrsmittel gern auf die Platte gebannt. Millionen von Ansichtskarten mit Bildern von der Berliner Hoch- und Untergrundbahn sind in alle Welt gegangen; man denke nur an das *durchbrochene Haus* in der Bülowstraße oder an die *vier Verkehrsebenen* am Landwehrkanal vor dem Anhalter Bahnhof.

Die Folge der Bilder führt vom heute weniger bekannten östlichen Ende der Strecke an der Oberspree langsam westwärts in die moderne *City* rund um den Kurfürstendamm. Die alte Route wird längst nicht mehr in der anfangs gehandhabten Weise befahren, wie ein Blick in die Geschichte zeigt. An die schon genannte Eröffnung des ersten Teilstücks schloß sich am 11. März 1902 die Inbetriebnahme des Abschnitts vom Potsdamer Platz zum Zoologischen Garten an. Darauf folgten die Endstücke zur Warschauer Brücke (17. August 1902) und zum *Knie* (14. Dezember 1902). Am Gleisdreieck bestand zunächst noch kein Bahnhof; dort wurden nur die Züge aus den beiden Richtungen kreuzungsfrei entweder zum Potsdamer Platz oder zur anderen Endstation verzweigt. Der wachsende Verkehr mit einer Verlängerung der Linie vom Potsdamer Platz in die Stadtmitte Berlins und das tragische Hochbahnunglück am Gleisdreieck vom 20. September 1908 führten dazu, daß 1911/12 der heute noch vorhandene Kreuzungsbahnhof Gleisdreieck eingerichtet wurde. Die Oststrecke von der Warschauer Brücke endete nun vorläufig hier, bis man sie 1926 mit der *Entlastungslinie* über Kurfürstenstraße zum Nollendorfplatz verband; diese Züge fuhren fortan bis zur Uhlandstraße und zum Innsbrucker Platz weiter. Große Änderungen traten nach dem Bau der Mauer ein: Die *Linie 1* rollte seitdem zwischen dem Schlesischen Tor und Ruhleben, während die *Linie 2* von der Krummen Lanke bis zum Gleisdreieck (seit 1972: bis zum Wittenbergplatz) verkehrte.

Das Liniennetz der Berliner U-Bahn im Jahre 1936, entnommen aus Scherls Straßenführer durch Berlin

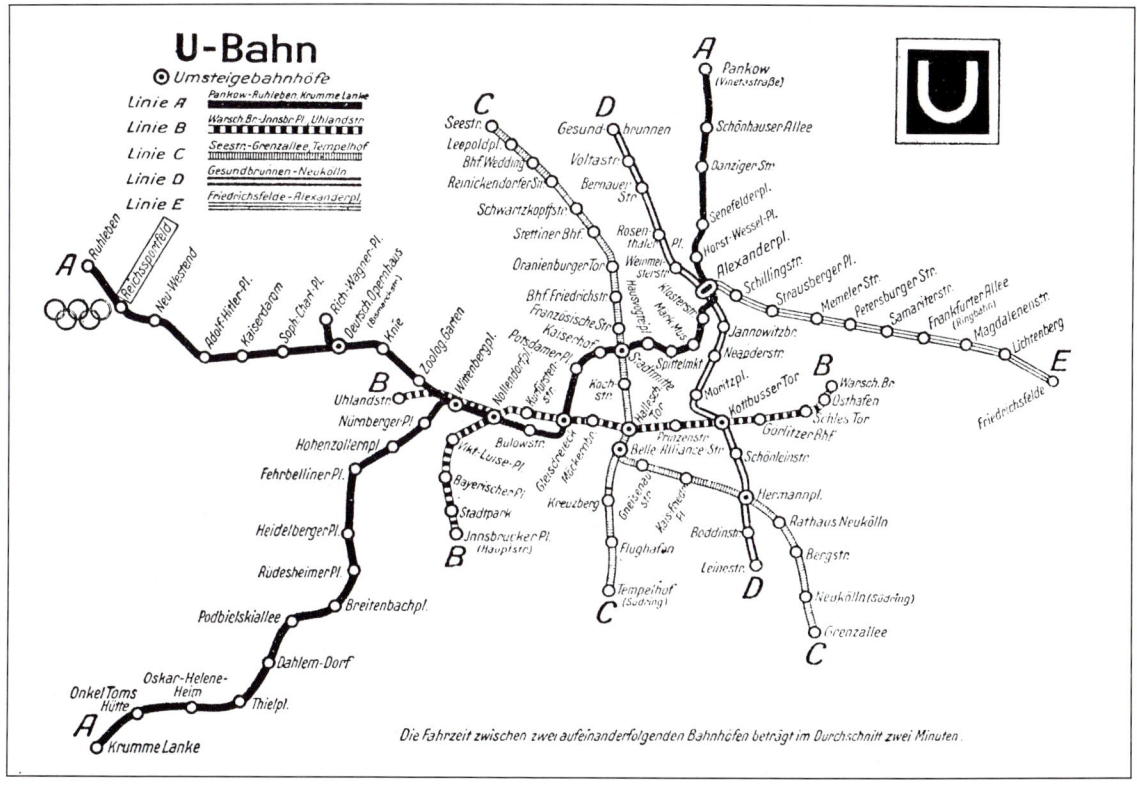

Oberbaumbrücke und
Hochbahnhof Stralauer
Tor, um 1903

Oberbaumbrücke und Hochbahnhof Stralauer Tor

Nur eine kurze Fahrtstrecke von dem östlichen Endpunkt der Hochbahn an der Warschauer Brücke (über die Schlesische Bahn und die Ostbahn) entfernt befand sich die kleine Station Stralauer Tor am rechten Ufer der Spree. Dieser am 18. Februar 1902 eröffnete Bahnhof, ein Typenentwurf von Siemens & Halske mit Treppenhäusern von Necker, erhielt 1924 den Namen Osthafen. Sein technischer Eisen-Glas-Stil steht in starkem Kontrast zu den Türmen und Zinnen der Oberbaumbrücke, die zwischen 1894 und 1896 nach Plänen von Stadtbaumeister Otto Stahn als Muster der märkischen Backsteingotik ausgeführt worden ist. Da Siemens bereits seit 1891 für sein Projekt einer elektrischen Schnellbahn in Berlin geworben hatte, ist das Obergeschoß der Brücke baulich schon zur Aufnahme dieses Bahnkörpers ausgebildet worden; außerdem hat man in die Fahrbahn noch Straßenbahngleise gelegt. Das erste Postkartenbild ist abermals ein Werk des Fotografen

Waldemar Titzenthaler, das bis zum Ersten Weltkrieg vieltausendfach in die Welt geschickt worden ist.

Die Hochbahnstation Osthafen ist im Zweiten Weltkrieg zerstört worden, und auch die Oberbaumbrücke trug gravierende Schäden davon. Nur wenig erinnert noch an ihr großes Vorbild, das Stadttor von Prenzlau. Bis zum Bau der Berliner Mauer im August 1961 ist die Hochbahn aber noch über ihr zinnengeschmücktes Viadukt gefahren. Dann versperrte ein hohes Gitter den Zügen ihren Weg, und der Bahnhof Schlesisches Tor wurde zur Endstation dieser heutigen Linie 1 im Westen. Die Oberbaumbrücke wurde für den rollenden Straßenverkehr geschlossen und zum Grenzübergang für Fußgänger hergerichtet. Im Hintergrund der jüngeren Aufnahme steht das riesige Eierkühlhaus, das Bruno Paul im Jahre 1929 am westlichen Ende des seit 1913 betriebenen Osthafens erbaut hat, mit neuer Verblendung. Das Bild in diesem Winkel Berlins kann sich bald ändern: Man rechnet grob mit Renovierungskosten von 66 Millionen DM für die Brücke und weiteren 60 Millionen DM für den Wiederaufbau der Hochbahnstrecke bis zum Warschauer Tor; die Bauzeit soll drei Jahre betragen.

Die Oberbaumbrücke ohne Hochbahn, 1990. Foto Nowak

Auf dem Hochbahnhof Schlesisches Tor

Als diese Station an dem ersten Teil der Stammlinie zwischen Stralauer Tor und Potsdamer Platz am 18. Februar 1902 in Betrieb ging, schrieb man den Bahnhofsnamen noch altmodisch *Thor*. Der Durchgangsverkehr über das Gleisdreieck zum Zoologischen Garten wurde am 25. März 1902 aufgenommen, und von dieser Zeit der Probefahrten dürfte das bekannte Bild aus der BVG-Sammlung auch stammen. Der Wagen 39 an der Spitze eines Dreiwagenzuges gehört zum Typ A 1, Ursprungsbauart mit Holzaufbau von 1901/1902. Das sehr großzügig bemessene Empfangsgebäude unweit der Spree mit ihren Dampferstationen wurde von Hans Grisebach und August Georg Dinklage zwischen 1899 und 1901 im Stil der deutschen Renaissance erbaut. Seitlich und unterhalb der Hochbahntrasse enthielt es auch eine

Auf dem Hochbahnhof Schlesisches Tor, 1902. Foto BVG-Archiv

98

Konditorei, eine Gaststätte und drei Läden; es war demnach ein stattlicher baulicher Akzent am Ende der Skalitzer Straße. Die Dächer waren aufwendig gestaltet und mit eigenwilligen Aufsätzen verziert.

Das Werk Grisebachs und Dinklages, einer der schönsten Bahnhöfe im Netz der Berliner Hoch- und Untergrundbahn, hat auch nach neunzig Betriebsjahren wenig von seiner Bedeutung eingebüßt. Seit dem August 1961 war hier Endpunkt der Hochbahnstrecke, heutige Linie 1. Im Dezember 1989 war dieser Bau am Grenzübergang Oberbaumbrücke mit 90 000 Fahrgästen pro Werktag der am stärksten frequentierte Bahnhof im Netz. In den Jahren 1980 bis 1984 ist die Station Schlesisches Tor durch das *Planungskollektiv Nr. 1* aufwendig renoviert worden und hat viel von ihrem alten Glanz wiedergewonnen, wenn auch manche Umbauten in ihrem Inneren nicht beseitigt werden konnten. Das Erdgeschoß enthält nun einen Stadtteiltreffpunkt. Sogar die rundliche Turmhaube ist jetzt wieder da. Die modernen Kleinprofil-Züge fahren heute von hier in Richtung Ruhleben.

Am Hochbahnhof Schlesisches Tor im Frühjahr 1990. Foto Nowak

Hochbahnhof Prinzenstraße

Hochbahnhof Prinzenstraße, 1902

Rechts oben:
Die Hochbahn in der Gitschiner Straße mit dem Bahnhof Prinzenstraße im Hintergrund, 1901

Eine Besonderheit unter den Stationen der ersten Berliner Hochbahnlinie bildete die Prinzenstraße deshalb, weil hier der Zugang für die Fahrgäste nicht von dem (zu schmalen) Mittelstreifen der Gitschiner Straße her erfolgt, sondern nur durch über die Straße geführte Stege von den Seiten her möglich ist. Während die Halle selbst wieder als Typenentwurf von Siemens & Halske ausgeführt wurde, ist das markante Treppengebäude mit seinem abgerundeten Schieferdach im Stil der Neorenaissance von Paul Wittig entworfen worden. Unten war noch Platz für einen Ausschank. Auf der nördlichen Seite wurde die Treppe im Wohnhaus Gitschiner Straße 72 untergebracht; es fiel später den Bomben zum Opfer. Die alte Ansichtspostkarte ist in den Wochen der Betriebseröffnung herausgekommen.

In ihrem Kern ist die Hochbahnstation an der Prinzenstraße in Kreuzberg auch heute noch vorhanden: Die Bahnsteighalle mußte noch nicht umgebaut werden, selbst als 1929 die Verlängerung der Bahnsteige und 1989 die Einrichtung eines westlichen Ausgangs zum *Prinzenbad* erforderlich geworden waren. Änderungen hat es allerdings bei den beiden *Treppen-Häusern* gegeben. Anstelle des Wohnhauses Gitschiner Straße 72 hat die BVG hier 1984/85 ein neues Regionalstellwerk errichtet, dessen fast postmodern zu nennender Entwurf mit der Metallhülle von Wolf-Rüdiger Borchardt stammt. Auf der gegenüberliegenden südlichen Straßenseite war der Wittig-Bau nach dem Krieg in geglätteter Form wiederhergestellt worden, doch war seine Zeit im Jahre 1989 abgelaufen. Er wurde abgerissen und durch einen Neubau ersetzt, dessen Form an das alte Bauwerk erinnern soll.

An der Prinzenstraße im Sommer 1990. Foto Nowak

Am Hochbahnhof Hallesches Tor

Diese Station der ersten Hochbahnstrecke wurde nicht nach dem Siemens-Typenentwurf ausgeführt, sondern erhielt einen sorgfältig entworfenen Bahnhofsbau aus der Hand der Architekten Hermann Solf und Franz Wichards. Sie hatten auf den unmittelbar davor liegenden Belle-Alliance-Platz (den heutigen Mehringplatz) am südlichen Teil der Friedrichstraße mit seinen Torgebäuden und auf die figurengeschmückte Brücke über den Landwehrkanal einige Rücksicht zu nehmen; zudem bot der schmale Uferstreifen für die Bahn hier wenig Raum. Besonders auffällig an ihrem Entwurf zwischen Neobarock und Jugendstil waren die beiden von Flügelrädern bekrönten Sandsteinpfeiler am östlichen Portal. Die Anlage wurde am 18. Februar 1902 eröffnet. Ein Umbau zum Umsteigebahnhof mit der Nordsüd-U-Bahn er-

Landwehrkanal und Hochbahnhof Hallesches Tor, um 1930

folgte 1923. Die deshalb nötige Bahnsteigverbreiterung, die in dem Blick vom Waterlooufer aus östlicher Richtung gut zu erkennen ist, ist 1927 vorgenommen worden.

Mit der Kanalböschung, mit vielen Teilen des Viadukts und mit Elementen des Bahnhofs läßt sich in dem aktuellen Bild der Blick zurück noch finden. Die wilhelminischen Häuser rundum wurden 1944/45 ebenso ein Opfer des Bombenkriegs wie der Hochbahnhof am Halleschen Tor, dessen Wiederaufbau bis 1949 stark vereinfacht erfolgte. Das Neubau-Stadtquartier am Mehringplatz von 1968/75 und das Berliner Postscheckamt von 1965/71 sind rechts hinter der Strecke noch knapp zu erkennen; links neben dem Standort des Betrachters befindet sich am Blücherplatz die Amerika-Gedenkbibliothek von 1952/54. Die langen Wege und die beengten Verhältnisse auf diesem Umsteigebahnhof lassen daran denken, daß man schon 1929 einen Neubau im Stil des Bahnhofs am Kottbusser Tor in Erwägung gezogen hatte.

Berlin. Die Hochbahn am Landwehrkanal. Nähe Bahnhof Möckernstraße

Die Hochbahn an der
Möckernbrücke, um 1930

Die Hochbahn
an der Möckernbrücke

Ein äußerst beliebtes Ansichtskartenmotiv waren die *vier Verkehrsebenen* in Kreuzberg, wo am Wasserweg Landwehrkanal auch noch die Straße am Halleschen Ufer, die Eisenbahn vom Anhalter Bahnhof in Richtung Tempelhof und die Hochbahnstrecke vom Gleisdreieck zur Möckernbrücke auf ein Bild gebracht werden konnten – das war Berlin, wie man es sich *draußen* vorstellen sollte. Von der Anhalter Bahn ist in der ersten Fotografie nur ihr Spiegelbild im Wasser zu erkennen, weil die Möckernbrücke von 1899 die Sicht verdeckt. Als man 1935 mit dem Bau der Nordsüd-S-Bahn von der Yorckstraße zum Anhalter Bahnhof im Tunnel eine unsichtbare *fünfte Verkehrsebene* an diesem Standort hinzufügte, sind die kleinen Türmchen an der Hochbahnbrücke von 1901 im Zuge einer Überholung des Bauwerks entfernt worden. Die drei Email-Wappen der (1902) durchfahrenen Städte Berlin, Schöneberg und Kreuzberg sind im Krieg verlorengegangen. Brücke und Torhaus hatte der Hochbahn-Architekt Paul Wittig entworfen. Der Vierwagenzug der Hochbahn (Gattung A I mit fünf Fenstern) ist ostwärts unterwegs zur Warschauer Brücke.

Rechts oben:
Neubau der Hochbahn-
brücke am Landwehr-
kanal im November 1990.
Foto Nowak

104

Da die bekannte Hochbahnbrücke am Halleschen Ufer im Sommer 1990 wegen Baufälligkeit gegen einen geschweißten Neubau (in weitgehend gleicher Form) ausgewechselt werden mußte, ist diese Vergleichsaufnahme zum vorstehenden Lichtbild bereits vor dem Beginn der Bauarbeiten angefertigt worden. Den Vordergrund beherrscht die *neue* Möckernbrücke aus dem Jahre 1952; die einstige Eisenbahnbrücke der Anhalter Bahn ist bereits 1971 beseitigt worden. Der Hochbahnviadukt ist – bis auf die bewußte Brücke – in der Nachkriegszeit als Schweißkonstruktion neu erstellt worden. Anstelle des einstigen *Torhauses* im Hintergrund, das ebenfalls im Krieg zerstört worden ist, hat die BVG von 1987 bis 1989 ein Regionalstellwerk für die S-Bahn zwischen dem Anhalter Bahnhof (tief) und Wannsee errichtet, das eines Tages vielleicht wieder zum Teil eines neuen Tores werden wird (Architekt Hans Bandel). Im alten Torhaus war der dunkelblaue *Himmel* sogar mit Sternen verziert. Der Achtwagenzug auf der Linie 1 zum Schlesischen Tor wird aus Wagen der Gattung A 3 L gebildet.

Hochbahnstrecke und Möckernbrücke im Sommer 1989.
Foto Nowak

Im Hochbahnhof Gleisdreieck

Eine lebendige Amateuraufnahme aus den zwanziger Jahren führt auf den unteren Bahnsteig der Station *Gleisdreieck,* die als Haltestelle ja erst seit dem durch das Unglück von 1908 veranlaßten Umbau von 1912/13 bestand. Architekt war Sepp Kaiser; er legte die beiden Hallen des Kreuzungsbahnhofes im rechten Winkel übereinander. Das Schild über der eingefahrenen Bahn nennt für dieses Gleis *Züge in Richtung Charlottenburg-West (Stadion) und Wilmersdorf-Dahlem,* der Zug selbst kam von der Station Nordring und fuhr bis zum Reichskanzlerplatz (heute: Theodor-Heuß-Platz). Auch die Personenwaage, die Bude für die Aufsicht und die Leuchtkörper in diesem Bild verdienen Beachtung.

Im Hochbahnhof Gleisdreieck, 1928. Foto Grünwald

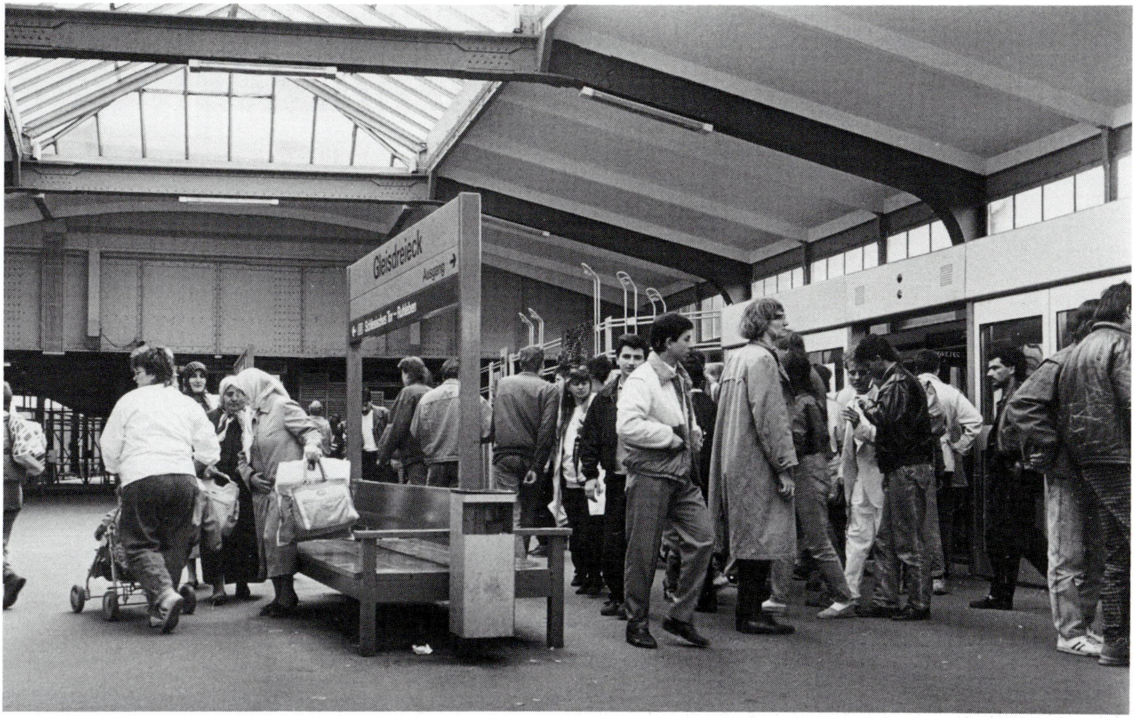

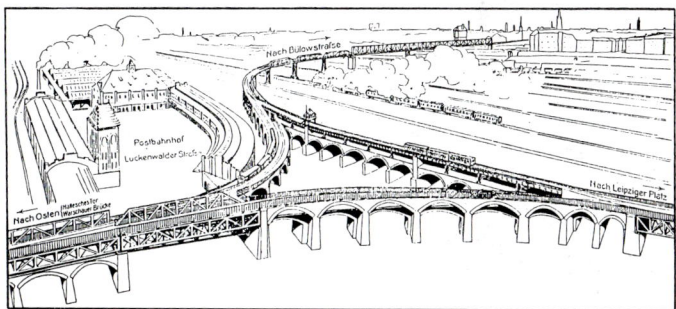

Schon bei einigen anderen Aufnahmen wurde gesagt, daß die U-Bahn-Linie zwischen der Stadtmitte und dem Wittenbergplatz im August 1961 am Potsdamer Platz unterbrochen wurde, so daß die BVG Ende Dezember 1971 auch den Verkehr auf der *Entlastungslinie* vom Wittenbergplatz zum Gleisdreieck aufgab. Abbauen wollte man die Strecke aber nicht, um gegebenenfalls den Verkehr zwischen den beiden Teilen der Stadt wieder aufnehmen zu können. Immerhin wurde auf der Trasse vom Gleisdreieck zum Potsdamer Platz ab 1985 aber die Magnetbahn-Versuchsstrecke in Richtung Kemperplatz (Philharmonie) gebaut. Hinter den Schiebetüren fuhr die Magnetbahn seit Spätsommer 1989 im Probebetrieb.

Bahnsteig der Magnetbahn in der unteren Halle des Hochbahnhofs Gleisdreieck, 1990. Foto Nowak

Das Gleisdreieck im Ursprungszustand von 1902 und nach dem Umbau zum Kreuzungsbahnhof 1912/13

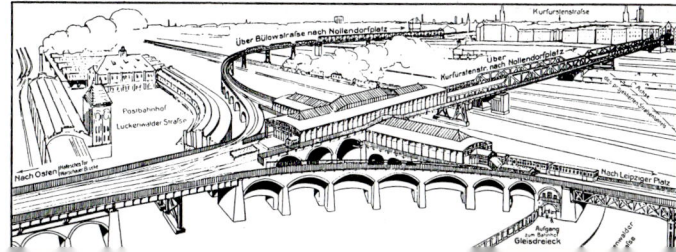

Das „durchbrochene Haus" in der Bülowstraße

Gruss aus Berlin
Das durchbrochene Haus in der Bülowstrasse

Das durchbrochene Haus in der Bülowstraße, 1905

Rechts unten:
Hier stand einmal das durchbrochene Haus in der Bülowstraße; Bild von 1990. Foto Nowak

Zu den Ansichtskarten-Sensationen der Zeit vor dem Ersten Weltkrieg gehörte unbedingt die Durchfahrt der Hochbahn durch das Haus Bülowstraße 70 an der Ecke zur Dennewitzstraße. Dieser Durchbruch wurde für die am 11. März 1902 eröffnete Hochbahnstrecke zwischen den Bahnhöfen Gleisdreieck und Bülowstraße angelegt. Damals sah die Hochbahngesellschaft aus wirtschaftlichen Gründen vom Abriß des gesamten Wohnhauses ab und arrangierte sich mit den Mietern auf andere Weise. Unter der Bahntrasse bezogen die *Akademischen Bierhallen* ihr Quartier. Mehr als vier Jahrzehnte dauerte diese eigenartige Situation an. Der gezeigte Hochbahnzug fährt in Richtung Osten weg; das Ansichtskartenbild hat Waldemar Titzenthaler geschaffen.

Im Zweiten Weltkrieg wurden viele Häuser an der Dennewitzstraße durch Bomben zerstört, so auch das legendäre durchbrochene Haus. Dagegen ließ sich der Hochbahnviadukt nach 1945 wieder in Betrieb nehmen. Hier lief die U-Bahn-Linie 2 von Pankow über Gleisdreieck und Bülowstraße zur Krummen Lanke, die bei dem Mauerbau im August 1961 aber am Potsdamer Platz unterbrochen wurde. Seit dem 1. Januar 1972 endete die westliche Linie 2 aus wirtschaftlichen Gründen am Wittenbergplatz, und die Gleise an der Dennewitzstraße wurden nicht mehr regelmäßig befahren. Das mag sich nun bald ändern. Links im Hintergrund des neuen Bildes ist der andere Viadukt der Hochbahn-Entlastungslinie zwischen Gleisdreieck und Kurfürstenstraße zu erkennen.

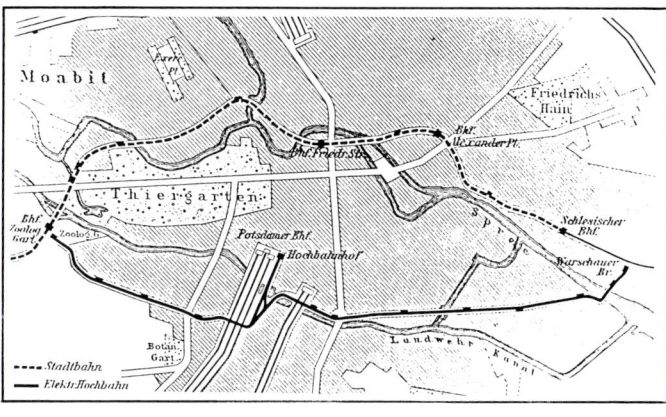

Streckenkarte von Stadtbahn und Elektrischer Hochbahn in Berlin, 1902

Hochbahnhof Bülowstraße

Mit der Aufnahme des durchgehenden Verkehrs zwischen dem Potsdamer Platz und dem Zoologischen Garten am 11. März 1902 ist auch der auffallend schöne Bahnhof Bülowstraße an der Kreuzung zur Potsdamer Straße eröffnet worden. Den architektonischen Entwurf im Jugendstil hatte Bruno Möhring geliefert, nach dessen Plänen auch der 1901 gebaute Bahnhof Döppersberg bei der Wuppertaler Schwebebahn entstand. Die wuchtigen Sandsteinpfeiler tragen an der Bülowstraße zum einen die Hochbahnstrecke und zum anderen die Wände und das Hallendach; der reichhaltige Schmuck des Bauwerks mit Palmetten und Löwenköpfen läßt auch an ein Zoohaus jener Zeit denken. Die in westlicher Richtung vor dem Bahnhof liegende Brücke der Potsdamer Straße wurde von Möhring in die Gestaltung einbezogen. Im Hintergrund des Postkartenbildes ist die Lutherkirche am Dennewitzplatz zu erkennen.

Bülowstraße und Hochbahnhof im Ansichtskartenbild von 1905

In den Jahren 1928/29 ist die Station Bülowstraße durch Rudolf Möhring, den Sohn des Erbauers, erweitert und mit einem östlichen Zugang versehen worden. In dem aktuellen Bild ist der neue Hallenteil daran zu erkennen, daß

sein Dach nicht mehr die markanten Sandsteinpfeiler aufweist. Die Inbetriebnahme der *Entlastungslinie* vom Gleisdreieck über Kurfürstenstraße zum Nollendorfplatz zog schon seit 1926 etwas Verkehr von der Bülowstraße ab. Im Zweiten Weltkrieg hat dieser Bau einige Schäden davongetragen und viel von seinem Schmuck verloren. Nach dem Krieg wurde der Bahnhof Bülowstraße von der Linie aus Pankow über Gleisdreieck und Wittenbergplatz zur Krummen Lanke angefahren, die am 13. August 1961 am Potsdamer Platz unterbrochen wurde. Wegen zu geringen Verkehrsaufkommens und eines gewissen Parallelverkehrs hat man ab 31. Dezember 1971 die Bahn aus Dahlem am Wittenbergplatz enden lassen und den Bahnhof Bülowstraße stillgelegt. In der Halle kam ein Türkischer Basar unter, auf dem Hochbahnviadukt fährt eine alte Straßenbahn für Touristen zum Nollendorfplatz. Ob sich diese Idylle bald wieder ändern wird?

Die Bülowstraße mit dem *Türkischen Basar* im stillgelegten Hochbahnhof, 1990. Foto Nowak

Bahnhof Bülowstraße (von Osten) vor dem Anbau der Hallenverlängerung von 1928

Berlin. Nollendorfplatz

Hochbahnhof Nollendorfplatz

Diesen Jugendstilbahnhof an der *Stammlinie* der Hoch- und Untergrundbahn in Schöneberg haben die Architekten Wilhelm Cremer und Richard Wolffenstein geschaffen; er wurde am 11. März 1902 eröffnet. Der sehr repräsentative, mit Wellblech gedeckte Kuppelbau mitten auf dem parkähnlichen Nollendorfplatz weist manche Ähnlichkeit mit dem Bahnhof Bülowstraße von Möhring auf. In dem ersten Postkartenbild ist der Bahnhof Nollendorfplatz bereits durch den Anbau eines von Fritz Freymüller entworfenen Verbindungsganges zur Schöneberger U-Bahn nach dem Bahnhof *Hauptstraße* (heute Innsbrucker Platz) verändert worden, die am 1. Dezember 1910 in Betrieb ging. Daraus ist nach 1920 ein Bank-Pavillon gemacht worden. Große Veränderungen brachte ein Umbau des gesamten Sockelgeschosses durch den Hochbahn-Architekten Alfred Grenander mit sich, so daß Fahrgäste hier seit dem 24. Oktober 1926 zur unterirdischen *Entlastungslinie* über Kurfürstenstraße und Gleisdreieck (oben) sowie weiter zur War-

schauer Brücke umsteigen konnten. In den Jahren 1928/29 wurde der Bau in östlicher Richtung verlängert.

Nollendorfplatz und Hochbahnhof im Sommer 1990. Foto Nowak

Die Kuppel und die Bahnsteighalle dieser Station wurde im Krieg so stark getroffen, daß nach der provisorischen Betriebsaufnahme im Mai 1947 bald an einen Neubau gedacht werden mußte. 1955 begann die Errichtung der neuen Ganzstahlhalle von 123 Metern Länge, die sich auf die Eingangsbauten von Grenander aus dem Jahre 1926 stützt und heute noch vorhanden ist. Von den Wohnhäusern in der Bülowstraße und der Motzstraße rundum hat kaum ein Bauwerk den Krieg unbeschädigt überstanden. Auf den Bildern ist links im Hintergrund die Mathiaskirche zu erkennen. Der Hochbahnhof Nollendorfplatz wurde – als eine Folge des Mauerbaus von 1961 – am 31. Dezember 1971 stillgelegt. Am 3. September 1973 hat man oben in der Halle einen Trödelmarkt eingerichtet, in dem alte U-Bahn-Wagen als Verkaufslokale dienen, während unter der Erde weiterhin die Züge der Linie 1 von Ruhleben zum Schlesischen Tor und auch die Züge der Linie 4 zum Innsbrucker Platz verkehren. Seit dem Fall der Mauer plante die BVG die Wiederinbetriebnahme ihrer Strecke zum Potsdamer Platz, so daß der Trödelmarkt aufgelöst werden mußte.

Wittenbergplatz und Tauentzienstraße

Eines der beliebtesten Berliner Ansichtskartenmotive zeigt sich in dem Bild dieser Einkaufsstraße mit dem 1906 erbauten *Kaufhaus des Westens* links, der Kaiser-Wilhelm-Gedächtniskirche von 1891 im Hintergrund und dem Untergrundbahnhof Wittenbergplatz von 1913 am rechten Bildrand. Dieser wichtige Bahnhof am Knotenpunkt der Stammstrecke mit der Wilmersdorf-Dahlemer Bahn, der Kurfürstendammlinie und der damals schon geplanten Entlastungslinie zum Gleisdreieck wurde ab 1909 heiß diskutiert. Der von dem Hausarchitekten der Hochbahngesellschaft, Alfred Grenander, geschaffene monumentale Bau mit seinem kreuzförmigen Grundriß stand über einem bedeutenden Umsteigepunkt mit drei nebeneinanderliegenden Bahnsteigen für drei Linien. Der Eisenfachwerkbau ist außen mit Muschelkalkplatten umkleidet, während innen schöne Majoliken und Fliesen das Bild beherrschen. Zum Zeitpunkt der Aufnahme fuhren noch Straßenbahnen über die Tauentzien und um den Bahnhof herum.

In diesem Teil Berlins hat der Bombenkrieg verheerende Schäden zur Folge gehabt. Das Kaufhaus *KaDeWe* wurde 1950 wiederaufgebaut und zuletzt 1972 mit der Leichtmetallverkleidung am Dachgeschoß modernisiert, die Gedächtniskirchen-Ruine erhielt zwischen 1957 und 1963 ihre Ergänzungsbauten von Egon Eiermann, und der Bahnhof Wittenbergplatz wurde 1951 zunächst in vereinfachter Form hergestellt. 1982/83 rekonstruierte der Architekt Wolf-Rüdiger Borchardt im Auftrag der BVG auch diese Halle sehr originalgetreu. Beim Blick auf das Dach von heute fällt auf, daß er die aufwendigen Schnörkel zwischen den vier Turmfenstern jeder Seite wegen veränderter Maße des *Ersatzturms* von 1951 nicht anbringen konnte, während der Wegfall des runden Oberlichts mit der Reklame darin begründet ist, daß es sich um eine nachträgliche Entstellung des ehrwürdigen Grenander-Baus aus den zwanziger Jahren gehandelt hatte.

Die Tauentzienstraße mit der Kaiser-Wilhelm-Gedächtniskirche in der *Wirtschaftswunderzeit* der fünfziger Jahre. Noch fährt auf dem Mittelstreifen die Straßenbahn

Der Kurfürstendamm an der Knesebeckstraße

Dieser Boulevard, für viele das Wahrzeichen Berlins schlechthin, hat 1986 schon seinen hundertsten Geburtstag gefeiert. Die Prachtstraße des *Neuen Westens* mit ihren Cafés und Kinos, den Geschäften und Hotels zog und zieht die Berliner ebenso an wie die Fremden. Zu seiner Verkehrserschließung diente neben der Pferdebahn sogar eine Dampfstraßenbahn, später die elektrische Straßenbahn. In der Bildmitte der Postkartenaufnahme rollt ein Zug der Linie 76 auf dem Weg von der Hundekehle nach Lichtenberg über den Kurfürstendamm in Richtung zur Kaiser-Wilhelm-Gedächtniskirche. Für Kenner: Triebwagen der Bauart T 24 (Reihe 5701 bis 6200) und Beiwagen von der ehemaligen *Flachbahnlinie* zwischen Warschauer Brücke und Lichtenberg (Reihe 1236 bis 1239). An der nächsten Kreuzung sind die Eingänge zur Untergrundbahnstation Uhlandstraße zu erkennen. Diese *Kurfürstendammlinie* der U-Bahn vom Wittenbergplatz wurde am 12. Oktober 1913 in

Betrieb genommen; ihre Verlängerung nach Halensee blieb bis zum heutigen Tag unausgeführt.

Es ist viel darüber gestritten worden, ob diese Straße im Krieg mehr gelitten hat als in der von Abriß und Neubau erfüllten Zeit danach, die den Kurfürstendamm zum *Schaufenster des Westens* machen wollte. Von vielen Fassaden wurde der Stuck abgeschlagen, die Straßenbahngleise wurden 1955 herausgerissen, und der Autoverkehr brachte sich allmählich selbst zum Stillstand. Immer wieder ist die Fahrbahn hier umgebaut worden, zuletzt zum Stadtjubiläum 1987. Schon seit einigen Jahren versucht man, das Erscheinungsbild durch Maßnahmen der Stadtverwaltung zu verschönen, zum Beispiel durch Aufstellung der großen *Hardenbergleuchten*. Mit der Einführung von Busspuren auf dem Kurfürstendamm im Frühjahr 1990 entstand ein neues Bild.

Berlins *Kudamm* an der Knesebeckstraße im Sommer 1990. Foto Nowak

117

Am *Knie* in Charlottenburg, um 1935

Am „Knie" in Charlottenburg

Der eigenartige Name für den heutigen (seit 1953 so benannten) Ernst-Reuter-Platz wird verständlich, wenn man einen alten Stadtplan zur Hand nimmt: Da ist auf dem langen Weg vom Berliner Stadtschloß über die *Linden* und durch den Tiergarten bis zum Sommersitz der Kurfürstin in Charlottenburg nur eine einzige Wegebiegung zu durchfahren, nämlich das *Knie* der früheren *Berliner Straße*. In dem ersten Bild ist diese Straße, heute Otto-Suhr-Allee, rechts mit dem Charlottenburger Rathaus von 1905 zu erkennen, während nach links die Bismarckstraße mit ihrem baumbestandenen Mittelstreifen verläuft. Sie weist neben der Hauptfahrbahn auf jeder Seite eine Spur für den Anliegerverkehr auf. Dort verkehren noch Straßenbahnen, deren Gleise bei der Umgestaltung zur *Ost-West-Achse* durch Albert Speer bald darauf entfernt worden sind. Schon seit 1902 bestand am *Knie* auch eine Haltestelle der elektrischen Untergrundbahn, doch sind deren Eingänge hier nicht zu sehen. Die Straßenbahnen auf dem Rondell gehören zur Linie 54 nach Spandau und zur Linie 55 nach dem Dönhoffplatz.

Am *Knie* von Charlottenburg blieb im Zweiten Weltkrieg kaum ein Stein auf dem anderen. Fast sämtliche Altbauten wurden ein Opfer der Flammen, und so entschloß man sich 1955 zu einem städtebaulichen Wettbewerb für die umfassende Neugestaltung des Platzes im Stil der Moderne. Das Rondell wurde deutlich vergrößert und mit einer dekorativen Brunnengruppe geschmückt, die freilich nur wenig zum Verweilen einlädt. Auch der dort vorhandene Eingang zur Untergrundbahnstation Ernst-Reuter-Platz wird kaum benutzt. Rundum wurden mehrere Hochhäuser quer zum Platz aufgestellt, so das *Telefunken-Haus* mit 22 Geschossen in der Bildmitte; 1958 bis 1960 errichtet. Das Hochhaus links im aktuellen Bild beherbergt ein Fernmeldeamt, während in den Bauten rechts die Büros von Nordstern, Eternit und der Deutschen Bank untergebracht sind. Der Charlottenburger Rathausturm ist 1954 wiederhergestellt worden. Noch einige Jahre umrundeten auch die Straßenbahnlinien von Spandau zum Bahnhof Zoo diesen Platz, doch wurde ihr Betrieb am 2. Oktober 1967 aufgegeben. Der riesige Kreisel ist zum Symbol für *Berliner Verkehr* der Nachkriegszeit geworden.

Der Ernst-Reuter-Platz heute. Foto Nowak